DVDで観る

菊池学級の成長の事実

教育観を変える子どもの姿

菊池省三
菊池道場

中村堂

DVDで観る　菊池学級の子どもたちの成長の事実
もくじ

第1章　「透明感」あふれる子どもたちの成長の事実
　　　　―「はじめに」に代えて　　菊池省三 ………………… 5

第2章　DVDで観る　菊池学級の成長の事実　解説

● DISC1
1-1　朝のミニ授業　　　　　　　　大橋俊太 ………………… 14
　①ホワイトボード
　②質問に答える
　③ホメホメじゃんけん
　④「春」とは
1-2　質問タイム　　　　　　　　　堀井悠平 ………………… 26
1-3　「海の命」の話し合い　　　　古橋祐一 ………………… 36
1-4　ほめ言葉のシャワー　　　　　森下竜太 ………………… 56

● DISC2
2-1　自己紹介　　　　　　　　　　古賀太一朗 ……………… 64
2-2　対話で大切なもの　　　　　　内藤慎治 ………………… 72
　①子ども
　②参加者
2-3　対話で大切なもの　　　　　　南山拓也 ………………… 88
　③交流
2-4　グループ対話　　　　　　　　藤原有希 ………………… 98

第3章　DVDで観る　菊池学級の成長の事実
　　　　全文文字起こし ……………………………………… 112

おわりに　　　　　　　　　　　　菊池省三 …………………… 224

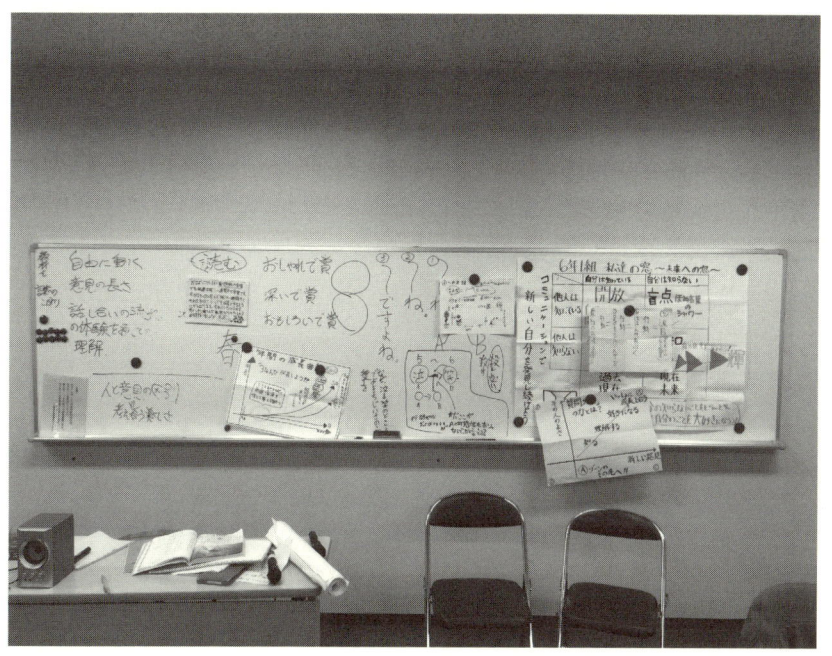

第2章の【視聴のポイント】に関する各解説の初めに示している時刻表示は、メニューの［PLAY ALL］を選択した場合のDISC全体での時刻を示しています。各Chapter内の時刻表示ではありません。
例：P.14　（1）無茶ぶり対応力・即興的思考力　場面A（DISC1 0:04:05）

第1章

教育観を変える子どもの姿
DVDで観る 菊池学級の成長の事実

第1章 「透明感」あふれる子どもたちの成長の事実
―「はじめに」に代えて

菊池道場　道場長　菊池　省三

「菊池学級の子どもたちは、『透明感』がありますね」
子どもたちの姿を見て、このような言葉をいただくことがありました。
　担任として、最高の「ほめ言葉」だと思い、子どもたちを誇らしく感じていました。
　自由に伸びやかに表現し、言葉を大切にしながら考え続けている姿は、「透明感」という言葉がいちばん似合うということです。
　他者の目を変に気にせず、教師の指導色が色濃く出ている「やらされ感」のない、一人ひとりが自分らしさを出し、それらを対話を通して自然に磨きあっている子どもたちの姿がそこにあったからなのでしょう。

　本著は、2015年（平成27年）3月8日（土）北九州市黒崎で行われた「菊池道場春祭り」での、菊池学級の子どもたちの成長の事実と、道場メンバーによる解説です。
　「菊池道場春祭り」と名付けたセミナーは、午前10時から午後5時までの半日行われました。最後の菊池学級から、11名の子どもたちが参加しました。その11名の学びの事実、成長し続けている事実の記録です。卒業式を10日後に控えた子どもたちのありのままの記録です。
　セミナーは、もちろん教師向けでしたが、「菊池学級の1日を再現する」といったタイトルで行い、40名ほど参加した教師を中心とした大人の前で、
・朝のミニ授業
・朝の質問タイム
・話し合いの授業
・自己紹介スピーチ

・参加者との質疑応答
・ほめ言葉のシャワー
・参加者とのグループ別対話
といった活動を、子どもたちが実際に行うという内容でした。
　子どもたちは、会場に来るまで何をするのかは知りませんでした。
「筆記用具と辞書、それと国語の教科書は持ってきなさい。話し合いをするかもしれないから」
とだけ伝えていました。ですから、映像で映し出されている姿は、全て即興です。その場で、私や司会、参加していただいている先生方からの「無茶ぶり」に応えていくという流れでした。
　本著のDVDを視聴していただくと分かると思いますが、それでも子どもたちは普段の教室と同じように、無邪気に笑い、真剣に白熱し、人とのかかわりを楽しみ、学びを深めていきました。いつもと変わらない菊池学級での時間を過ごしていました。

　そのときに参加されていた先生方から、
「大人に引けをとらない子どもたちの事実に圧倒されました。正直、大人以上です。それでいて、キラキラ輝いている子どもらしさに感動すら覚えました」
「子どもたちの言葉の豊かさに驚きました。価値語が自分のものになっていますね。成長し続ける『本物』を見せていただきました。言葉もありません。感謝の気持ちだけです」
「コミュニケーション力の高さに自分が恥ずかしくなりました。ただ話すというのではなく、相手の気持ちやその場の状況を考え（きっと考えているのではなくもう自然にそうなっているのだと思いますが）、対話ができるという子どもたちの事実に圧倒されました」
「12歳の、いや、人間の可能性の素晴らしさに感動しています。このような人間を育てないといけないのですね。今までの教育界は、きれいごとだけを並べていたのではないかと思いました。この菊池学級の成長の

事実を私たちの真の目標としなければならないと思います」
　といった感想をたくさんいただきました。私自身、この2年間の努力が報われたと思えた感想ばかりでした。

　参加してくれた子どもたちも、次のようなことを話していました。
「先生のセミナーには、この2年間で何度も参加しています。私たちにとって『非日常』です。今回も成長のためのこの『非日常』を楽しむことができました」(中村愛海さん)
「卒業前にまたいい思い出ができました。笑顔があふれる先生のセミナーは大好きです。一つ一つのこの体験が成長です。菊池学級でよかったなと思っています」(村上来海さん)
「教室もそうですが、先生のセミナーに来ても楽しいです。自分がどのように成長しているか分かることがうれしいというか、確かめられる気がするからです」(内川椋太君)

「ぼくは、将来の夢が先生になることです。小学校か中学校の先生になって、菊池先生を超える先生になるのが目標です。今日もまたやる気が出てきました」(鶴 怜大君)
「私は、みんなに追いつこう、自分も成長しようと思って2年間菊池学級でやってきました。まだまだだけど、今日のことを反省してこれからも成長します」(武内征音さん)
「セミナーには初めて参加しました。緊張したけれど、教室といっしょでした。教室でしていたことが間違いなかったと確信がもてました。がんばれました」(杉森孝介君)
「今日も、一人ひとりのいいところが出せたんじゃないかと思います。『一人も見捨てない』ということについて、魚住さんと対話ができたことがうれしいです」(元山美莉亜さん)
「私も初めて参加しました。『海の命』の話し合いも、先生方との対話も楽しかったです。変な言い方になってしまうんだけど、私は私でいいんだと思いました」(魚住まどかさん)
「国語の話し合いでは、ぼくの意見はつぶされてしまったけれど、みんなの意見に納得できてスッキリしています。頭の中が今でもまだ白熱していて満足です」(岡田透和君)
「菊池先生との2年間で、何回もセミナーや講演会に行きました。1回1回が自分の成長です。自分らしさを発揮して、でも一体感のある菊池学級は最高です」(曾根﨑妃那さん)
「今日もまた、私を成長させてくれた6年1組のことを思い出して泣いてしまいました。でも、『美しい涙』だと私は思っています。みんなに感謝したいです」(佐竹穂香さん)

　非日常の学びを精一杯楽しんだ12歳の素直な言葉だと私は思っています。本DVDを視聴しながら、解説にも目を通していただきながら、11人の子どもたちの成長の事実を感じ取っていただけたらうれしいです。

本著は、菊池道場の各支部の先生方のご協力があって完成しました。休日に北九州の道場に泊まり、熱心にＤＶＤの映像検討、原稿執筆をしていただきました。
　愛知支部の古橋祐一先生、大橋俊太先生、兵庫支部の南山拓也先生、徳島支部の堀井悠平先生、森下竜太先生、広島支部の藤原有希先生、博多支部の内藤慎治先生、古賀太一朗先生のお力のおかげです。お忙しい中、子どもたちの映像を深読み、深堀りをしていただき、丁寧に原稿にまとめていただきました。子どもたちの魅力とともに、教育の可能性を引き出していただいたと感謝しています。
　本当にありがとうございました。
　また、付属のＤＶＤは、有限会社オフィスハルの筒井勝彦氏の撮影・編集、同じく石崎俊一氏の撮影ででき上がりました。プロのとらえた子どもたちの輝く姿は、子どもたちが本来もっている人間の美しさを教えていただいていると感じています。
　子どもたちとともに感謝申し上げます。
　そして今回も、株式会社中村堂の中村宏隆氏には、構成から編集まで大変お世話になりました。全国を飛び回るハードスケジュールの中、いつも温かい励ましをいただきました。
　深く感謝しています。ありがとうございました。

　最後に、このＤＶＤ付き本著の「透明感」あふれる子どもたちの成長の事実は、これからの教育の目指す方向でもある、真のアクティブ・ラーナーの姿であると私は確信しています。「菊池省三の考える『授業観』試案」にも示している、互いの違いを認め合い、豊かで確かな対話力を身に付け、考え続ける人間としての姿であると確信しているのです。
　今後も、全国の菊池道場や志を同じにする仲間たちとともに、これからの時代を担う人間を育てていく教育のあり方を追究し、その実現のために努力をしていく覚悟です。
　本著が、全国の教室の子どもたちのために少しでも役立つことを願っ

ています。

第2章

教育観を変える子どもの姿
DVDで観る 菊池学級の成長の事実

第2章　DVDで観る菊池学級の成長の事実　解説
1－1　朝のミニ授業（①ホワイトボード　②質問に答える　③ホメホメじゃんけん　④「春」とは）

DISC-1 chapter1　　本誌 P.112 ～ 126

視聴のポイント

◎菊池学級の3大要素
（1）無茶ぶり対応力・即興的思考力
（2）自己開示・自分らしさ
（3）価値語・ポジティブ思考

（1）無茶ぶり対応力・即興的思考力　場面A（DISC-1　0:04:05）

杉森：僕は、えーっと、客観的に他の人とか自分を、鳥の目で見るように心がけています。

　　　※菊池が参加者に「鳥の目で見る」という言葉の意味を相談するよう促す。「俯瞰する」という言葉の意味を曾根﨑さんが辞書で引く。

菊池：（鶴君立ち上がる）絶対にね、あの、鳥の目で見るっていうこともあると思うんですが、って言って、さっきのあの杉森君の言葉を受けて、彼は話すと思います。

鶴　：えっと、鳥の目で見るっていうのもあるんですけど、鳥の目で見ながら、それをほめ言葉や質問タイムでも、ほかの、なんか菊池先生の授業中の話、普通の授業から成長へ引っ張る話なんかを楽しんで聞いたりやっていくっていうことが、その僕にとってSAに向かっていくための進歩というか、そういう感じだと思います。（拍手）

○自分というフィルターを通して物事を語る

　これは、参加者からの「学級全員でSAに向かっていこうという気持ちを盛り上げるために、普段から気を付けていることは何か？」という質問に答えている場面です。何気なく聞こえる杉森君の言葉の中にも、「即興的思考力」が見てとれます。

　杉森君の『鳥の目で』という言葉があります。普通であれば、「客観的に他の人とか自分を見るように心がけています」と話すのではないでしょうか。しかし、杉森君は、あえて『鳥の目で』という言葉を付け加えています。それは、「鳥の目で見る」という価値語（プラスの考えや行動を促す言葉）を通して、杉森君自身が成長できたという体験や実感をもっているからでしょう。実際の体験や実感を伴うことで、価値語が自分の中にすっと落ち、理解することができます。自分が成長できた価値語に「自信」「誇り」があるからこそ、このように即興で話す場面においても、価値語を使って自分の話す内容を濃く、厚くできるのです。

　杉森君の話のあと、鶴君が菊池先生から負荷（プレッシャー）をかけられています。杉森君の「鳥の目で見る」という言葉を引用して、クッション言葉でつないで話しなさいという菊池先生からの『無茶ぶり』です。教師の役割は、「子どもと子どもをつなぐ」ことだと言えるでしょう。それは、子どもたちの一つ一つの言葉や行為を価値付け、意味付けしながら子ども同士をつないでいくことです。また、菊池先生の『彼は話すと思います』という話し方からも、鶴君のことを認め、「鶴君ならできる」と任せていることが分かります。何気ない言葉がけの背景に「子どもを信じて任せる」という、教師の大切なスタンスが示されています。

　鶴君の言葉の中で印象に残るのは、『鳥の目で見ながら、それを』と『僕にとって』という言葉です。参加者の質問を受けてから、鶴君自身も自己内対話をし、これを話そうと考えていたことが当然あったでしょう。しかし、彼は、直前に菊池先生から『鳥の目で見るっていうこともあると思いますが』と言って話しなさいという無茶ぶりを受けました。「菊池先生の無茶ぶりに応えることで成長することができる」ということを、

菊池学級の子どもたちは体験的に理解しています。そこで鶴君は、『鳥の目で見ながら、それを』と話します。自分が話そうと考えていたこととつなぐために、とっさに判断して出た言葉なのでしょう。そして、この言葉によって、言葉だけではなく意味をもつないでいるのです。さらに、『僕にとって』という言葉で、自分のところに話を落としきっています。

　物事を「自分にとってどうであるのか」と即興的に考え、自分というフィルターを通して語ることによって、菊池学級の子どもたちは『無茶ぶり』に対応しながら成長することができるのでしょう。

（1）無茶ぶり対応力・即興的思考力　場面B　（DISC-1　0：26：17）

> 佐竹：私は、みんなが言っている間に、全部当てはまってしまって言うことがなくなってしまってたんですけど、その、まあ杉森君みたいに、「春」っていう字を分解して考えたいと思います。「春」っていう字は、あの、下が「日」っていう字と、「人」っていう字と「三」っていう字があるじゃないですか。だから「春」は暖かい季節だと思うんですよね。すごい、じんわ〜りというなんか気持ちになって、「三日坊主」が続く日なんじゃないかな。三日と人、人は三日。そんな感じに思いました。

○みんながいるから

　菊池学級の暗黙のルールとして、「前の人と同じことは言わない」というものがあります。子どもたち一人ひとりがこれまで積み重ねてきた体験・経験は違うのですから、紡ぎ出す言葉や思考が同じになるはずもありません。だからこそ、佐竹さんは悩んでいるのです。それでも、クッション言葉でつないで考えながら、話を続けている姿に驚かされます。

佐竹さんは、杉森君の考えをヒントに、「春」という字を分解して自分の考えを生み出しました。これはずばり「思考のつながり」です。このようにつなげて考えるためには、「引用する力」が求められます。なぜ菊池学級の子どもたちは、「引用する力」が高いのでしょうか。それは、対話・話し合いのある授業を通して、相手の意見を引用することの価値を体験的に学んでいるからです。その結果、佐竹さんのように、前に述べた友達の考えをヒントに、新しく自分の色を添えて主張することができるのでしょう。「自分の色を出せ」、「そんなあなたが大好きです」といった価値語（考え方）を共有しているみんな（学級の仲間）がいるから、即興の場面でも、安心して個性を発揮することができるのです。

(2)「自己開示」「自分らしさ」場面　（DISC-1　0:20:12）

村上　：えっと私は、さっきの3人みたいに成長とかそういう感じ

> じゃなくてただ単に思いついたんですけど、春っていったら、その暖かくて、桜が咲くっていうあれしか思いつかなかったんですけど、その、まぁ春っていったら暖かくて、桜…花が咲く季節だなって思いました。
> 菊池　：ちょ、ちょっと待ってね。今、村上さんが、今そう言いましたよね。わりと素朴というか、その理由は、村上さんらしいなと思った人ちょっと手を挙げてみて。（全員挙げる）ここ、ここ大事ですよね。村上さんは村上さんの、そういうキャラなんですよね。（子どもたち笑う）キャラっていうか、村上さん、はい、村上さんのニックネームをみんなで言いましょう。
> 子ども：スマイリー村上。（会場から「あ〜」の声と拍手）

○プラスの「その人らしさ」に価値を置く

　村上さんの言葉には、素直な「子どもらしさ」があふれています。このやり取りは、菊池学級の「温かさ」を象徴する場面だと言えるでしょう。それは、村上さんが『ただ単に思いついた』ことを臆することなく伝えることができていること、そしてそれを、全員が『村上さんらしいな』と認めている心地よい空気感に包まれていることです。
「みんなちがって、みんないい」、「教室はまちがうところだ」といったスローガンを教師が掲げることは有効かもしれません。しかし、それだけで子どもたちが「自己開示」をして「自分らしさ」を発揮できるようになることは難しいでしょう。日々の教室づくりや授業づくりのあらゆる場面で、子どもたち一人ひとりの考え方や行為を価値付け、多面的に自他をプラスに認め合う力を育てる取り組みを積み重ねることが不可欠です。
　学習指導要領が見直され、シチズンシップ（市民性）教育などの必要性も叫ばれている現代の社会情勢の中で、子どもたちに育まなければな

らない力や人生観とはなんなのでしょうか。そのために必要なのは「手法」なのか、それとも、温かな人間関係を土台にして即興的な思考力や論理的判断力を育む対話の授業へと「『授業観を変える』」ことなのか。我々教師は、今一度考え直すことが必要なのではないでしょうか。

　菊池学級では、「ほめ言葉のシャワー」や「質問タイム」を通して、一人ひとりが主人公に目を向け、心を動かし、主人公のよさや内面に「プラスのアプローチ」でつながる体験を毎日積み重ねています。「その人らしさ」を引き出すためには、以下の４つの意味や価値を教室の中に広げていくことが大切になります。

①プラスの考えや行動を促す「価値語」
②事実を探し出す「観察力」
③一人ひとりに寄り添う「愛情想像力」
④未来への期待を語る「未来予想」

「その人らしさ」をお互いに引き出し合いながら、「その人らしさ」でお互いに影響を与え合いながら、温かい「プラスのスパイラル」を創り出していく。そんな安心感のある学級の中でこそ、「自己開示」することができ、「その人らしさ」を理解し合っていくことができるのです。

「ほめ言葉のシャワー」や「質問タイム」を毎日行うことによって、その日の主人公のことをもっと知ることができるようになります。お互いのことを多面的に知ることができていくと、学級全体で子ども同士の横の関係ができていきます。プラスの「その人らしさ」に価値を置く関わり合いを積み重ねる。その先に、安定した温かいコミュニケーション力が、学級の中に広がっていくのです。

(3)「価値語」「ポジティブ思考」場面Ａ　（DISC-1　0:00:55）

曾根﨑：おはようございます。（おはようございます！）曾根﨑です。じゃあホワイトボードの説明をしたいと思います。まずは、朝だから普通に「おはようございます」って書きました。で、菊池学級の生徒ですっていうのは、そのままです。で、私たちはもう残り１週間と３日間か２日間で卒業…です。で、その、今日、非日常っていう場で学んだことを、残り１週間半でも少しの成長へと、えっとつなげられるように、がんばりたいです。えっとそれで、こういう非日常を、緊張とかするんじゃなくて、その逆で思い切り楽しんで、無茶ぶりに耐える自分、自信がもてるような自分をつくろうと思う。あっ…ということで、書きました！これで終わります。（拍手）

○「非日常」は成長するチャンス

　全国各地で行われている菊池先生の講演会に参加された方は、曾根﨑さんの数々の「名作」をご覧になられたことでしょう。曾根﨑さんの学級全員が成長することへの願い、その日の「ほめ言葉のシャワー」の主人公への想いが、温かくも芯のある言葉として紡がれています。

　菊池学級には、「成長年表」という、日常ではない行事的な事実を「非日常」ととらえ、成長の場とし、価値語とセットで短冊にして貼り出す掲示物があります。曾根﨑さんの言葉から、「非日常」という価値語が、非常にポジティブな価値語としてとらえられていることが分かります。それは、「非日常」での無茶ぶりを楽しみ、耐えることによって、成長し自信をもつ経験を曾根﨑さん自身が重ねてきているからでしょう。

　例えば、3学期も残り少なくなると、卒業や進級を控えた学級にほんのわずかなたるみ・緩みが生まれることはないでしょうか。卒業や進級を最終的な「ゴール」としていると、「もう少しで卒業（進級）だから…」、「まぁこれぐらいはいいか…」と許してしまうことがあるでしょう。しかし、菊池学級の子どもたちは、具体的な「人としてあるべき姿」を理解しています。だからこそ、卒業や進級の「その先」もさらに成長していかなければならないと考えているのです。そして、それを支えているのが、「〜をしたら、自分にどんなよいことがあるのか」というポジティブ思考であり、プラスの考えや行動を促す価値語なのです。

　ここで忘れてはいけないのは、教師のあり方です。教師が、日常的に「非日常」の場を意図的に設定しているからこそ、子どもたちが『「非日常」は成長するチャンス』であると理解しているのです。教室を飛び出してまで、大人と一緒にセミナーに参加して、「みなさんも私たちといっしょに、自信がもてるような自分をつくろう」と呼びかける曾根﨑さんは、特別な女の子でしょうか。私は、そうではないと思います。「公に強くなる」、「挑戦せよ」、「価値ある無理」、「成長は無限大」。数えきれないほどの価値語を学び、ポジティブ思考を分かち合う教室であれば、曾根﨑さんのように一歩踏み出す勇気を、どの子どもも心に宿すことが

できるのではないでしょうか。

(3)「価値語」「ポジティブ思考」場面B　（DISC-1　0:06:03）

> 武内：私が普段から気を付けていることは、いつも笑顔なんですけど、教室に入る前に、先生がいつも言っているように、仮面をかぶる。朝たとえ親とけんかをしても教室に入ったら笑顔。教室に入ったら公の場なので、なるべく笑顔になるよう気を付けています。（拍手）

○言葉を通して人を育てる

武内さんの言葉には、菊池学級の価値語が入っています。
・「いつも笑顔」
・「仮面をかぶる」
・「公の場」

武内さんの言葉の中にある価値語から、自分のことだけではなく、「みんなが楽しく過ごせるように」という想いが感じられます。「自分が笑顔でいれば、相手もみんなも笑顔になれる」、「自分の立ち居振る舞いの影響を考えれば、みんなが楽しく過ごせる」といった、「～をすれば、こんなよいことがあるだろう」、「～をしたら、どんなよいことがあるか」というポジティブ思考をすることができています。そのように、ポジティブ思考をすることができるのは、プラスの考えや行動を促す価値語を知っているからです。価値語によって、何が正しいのか、どうすることがよいことなのかが具体的に理解できてくるのでしょう。

武内さんの言葉には、『教室』という言葉が3回出てきます。菊池学級という教室が、武内さんにとってどれだけ大きなものであったのかが分かります。教室で成長することができたという自信と自覚をもった、武内さんなりの素直で誠実な受け答えです。

自分の言葉で自分のことを語るときに入る価値語は、その価値語に

よって「成長できた」、「変わることができた」という実感や自覚を伴っているのではないでしょうか。つまり、その子の「個のストーリー」において鍵となる価値語だと言えるはずです。どの場面でどの価値語がヒットするかは、子どもたち一人ひとり違います。だからこそ、価値ある言葉を積極的に教え、その量を増やしていくことが大切なのです。

「言葉を育てると心が育つ。心を育てたら人が育つ」

　子どもたちの成長に必要な価値ある言葉をシャワーのように与え、子どもたちの心の芯を強く、太くすることで、自分で未来を切り拓いていくことのできる「人」が育つのでしょう。

○「朝のミニ授業」のまとめ　～　◎菊池学級の３大要素

> （1）無茶ぶり対応力・即興的思考力
> （2）自己開示・自分らしさ
> （3）価値語・ポジティブ思考

　この３つのポイントは、「朝のミニ授業」だけではなく、春祭りに参加した子どもたちの姿全体を貫くものです。春祭りでは、バラエティーに富んださまざまな活動が行われました。それらの全ての活動における子どもたちの姿に、【菊池学級の３大要素】を見てとることができます。
　「質問タイム」、「ほめ言葉のシャワー」、「『海の命』の話し合い」、「自己紹介」、「参加者の質疑応答」などの活動の中で、子どもたちはたくさんの意見を交わしていきます。その姿は、一方的なコミュニケーションではなく、主張の根拠（理由）に価値ある「自分らしさ」を添えて、影響を与え合うものばかりです。お互いの解釈の違いを楽しみながら、思考をつなぐ。考えながら話しながら、考えながら話しながら、自問自答（自己内対話）を繰り返して思考を拡大していきます。そうした活動の

積み重ねによって、ノートに書いた意見をただ読み上げるだけではなく、無茶ぶりに対応して、即興的に思考する力が養われるのではないでしょうか。

一人ひとりの子どもがもっているよさを、1年間の「どの場面」で「どのように」価値付けて広げていくのか。教師がそういったイメージ・見通しをもっていることで、子どもたちを『成長』へとダイナミックに動かすことができるのです。

菊池学級の子どもたちは、「えっと」、「あの～」、「～じゃないですか」、「～ですよね」を挟みながら、最後まで自分の言葉で話しきることができています。そうした、「自分の考えを調える文頭」、「自分の考えに引き戻す文末」といった豊かなクッション言葉の工夫だけでなく、普段から「私にとって」と考えて話す力を伸ばしてきたことも影響しているのではないでしょうか。「私にとって」と考えることが、自分というフィルターを通すことになります。それが、自然と「自分らしさ」につながり、「自己開示」を後押ししているのです。

> 菊池：子どもたちがしゃべる中で、結局あの、今、最後にね、佐竹さんとしていただいていましたけど、『自己開示』していますねっていうように、私たちで言う価値語というものが相当入っているから、しゃべりやすいんですね。そう思います。ほんとにですね。

菊池先生が指摘されているように、価値語は、子どもたちが思考や意見を組み立てる大切なツールになっています。そもそも価値語は、プラスの考えや行動を促す言葉なので、それが心に落ちている子どもたちは、自然とポジティブな思考で物事を捉えるようになります。

菊池学級には、『教室の３条件』という価値語があります。①教え合う・助け合う、②競い合う、③牽制し合う、この３つの条件を満たす教室を創るための言葉です。それに加えて、『学び合う＝寄り添い合う』とい

う言葉を菊池学級では大切にしています。春祭り1日を通しても、お互いに寄り添い合う子どもたちの姿を繰り返し見ることができます。そんな姿を見ることができるのも、「相手を伸ばそう」、「自分も伸びよう」、「一緒に伸びよう」と、ともにSAを目指して『成長』してきた仲間への信頼感・安心感があるからこそでしょう。

　毎日の教室の中で、「ほめ言葉のシャワー」を代表とするコミュニケーション教育によって、人間関係を濃く、厚くしていく。教師と子どもで安心感のある学級を創り、それを土台にして、お互いが自分らしさを発揮し合える「対話・話し合いのある授業」を創る。その先に、臆せず人と関わり合うことができる『豊かで確かな対話力』が育つのだと思います。

菊池道場愛知支部　大橋俊太

第2章　DVDで観る菊池学級の成長の事実　解説
1－2　質問タイム

DISC-1 chapter2　　本誌 P.126 ～ 133

> **視聴のポイント**
>
> (1) 観察力とコミュニケーション力
> (2) 集団の成長を意識する質問
> (3) 自分らしさの発揮「自己開示する」

○質問タイムとは・質問タイムの目的

　菊池道場機関誌「白熱する教室」(中村堂)に、「菊池省三が考える『授業観』試案」が載っています。その中で、「C：教師と子どもが創る自信と安心感のある学級」を育てるという大きな柱の中に質問タイムが位置付けられています。

　質問タイムとは、その日の「ほめ言葉のシャワー」の主人公に学級全員が質問をしていく活動のことです。質問タイムを行う目的について、「コミュニケーション力あふれる『菊池学級』のつくり方」(中村堂)には、「朝の質問タイムによって、お互いのことを多面的に理解し合うことができます。それによって、コミュニケーションの土台でもある温かい人間関係が築かれています」と書かれています。質問をどんどん掘り下げていくことで、友達の今まで知らなかったことや、その子のよさを深く知ることができるという考え方です。また、質問タイムは、1年間を通して大きく3つのステップで指導していくと示されています。

ステップ1　質問応答を楽しむ【1学期】
ステップ2　好きなことを伝え合う【2学期】
ステップ3　その人らしさを引き出し合う【3学期】
「コミュニケーション力あふれる『菊池学級』のつくり方」(中村堂)

質問タイムを続ける中で「会話力や対話力に欠かせない質問力の伸びだけではなく、互いの理解が進み、コミュニケーション力あふれる教室に必要な安心感や自信が育っていることが分かります」とも書かれています。このことから、コミュニケーション力の育成と、自信と安心感のある学級づくりを目指して行われている活動であることが分かります。
　今回のＤＶＤは、１学期から質問タイムを続けてきた卒業間際の菊池学級６年生の様子を撮影したものです。ここからは、①観察力とコミュニケーション力、②集団の成長を意識する質問、③自分らしさの発揮・自己開示する、の大きく３つの視点から「質問タイム」を見ていただければと思います。

(1) 観察力とコミュニケーション力　場面（DISC-1　0:32:48）

【質問例】
① 〜ね。
② 〜ね。
③ 〜ですよね。
で質問をする。

○内川君の村上さんへの質問
内川：今あなたはダンスをしていますよね？
村上：はい。
内川：それで、今あなたはスマイリー村上さんですよね？
村上：はい。
内川：ってことは、その２つを合わせたら、あの、見えないぐらい金ぴかになりますよね？
村上：はい。（笑顔で内川くんに拍手を送る）

○子どもたち同士のかかわりの深さから生まれる質問力

　菊池学級の子どもたちの特徴的なところは、細部にこだわる観察力にあります。「ほめ言葉のシャワー」では、その日の主人公のよいところを１日観察し、帰りの会で発表しなければなりません。そして、前に言った友達とは違うほめ言葉を言わなければいけないというルールがあります。そのため、子どもたちはその１日主人公のよいところを観察します。このような観察するということを毎日繰り返していくほめ言葉のシャワーの中で、子どもたちは自然と観察力が鍛えられているのではないでしょうか。

　また、観察力について教師が価値付けをしたり、子どもたち同士が友達の観察力を認め合っていったりする中で観察力が育まれていくのだと思います。

　内川君の村上さんへの質問タイムでは、はじめの質問で「事実」を、２つ目の質問では「愛情・想像力」を、そして３つ目の質問では、「成長につながる価値付け、未来予想図」について尋ねています。

　内川君の１つ目の質問「今あなたはダンスをしていますよね」という質問から、内川君が、普段の学校生活で村上さんと対話をするなど、かかわる場面があることが分かります。村上さんとのやりとりの中でよく理解していることが分かります。

　例えば、私自身の学級の様子を考えてみると、男子同士、または女子同士では楽しそうに会話をする姿をよく見かけます。しかし、男女間で楽しそうに会話をしているのは、学級の中心となる一部の子どもたちで、あとの子どもたちは、ほとんど男女間の対話がありません。

　つまり、村上さんがダンスをしていること１つにしても、内川君と村上さんが普段の教室で対話をする機会があることが想像できます。日頃子どもたち同士がコミュニケーションをとることの少ない学級ならば、友達がダンスを習っているという事実すら知らないこともあります。

　しかし、菊池学級の子どもたちは、普段の学習の中で横のつながりを意識した活動をたくさん行っています。例えば、ペアでのトークやグルー

　プ活動、自由対話、コミュニケーションゲームがそうです。それに加え、ほめ言葉のシャワーや質問タイムがあり、子どもたちが友達のことを知る機会やかかわりが本当に多いなと感じます。
　このように、教師から戦略的に子どもたちがかかわる機会をつくっていくことが必要です。質問タイムもこのような人間関係をつくるひとつの柱として、日々の授業やほめ言葉のシャワーと絡め、観察力やコミュニケーション力を磨いていく必要があります。

（2）集団の成長を意識する質問 場面（DISC-1　0:33:13）

○元山さんの村上さんへの質問
元山：えっと、あなたはいつも顔が赤いですよね？
村上：（首をかしげる）（元山さん「赤いですよね？」ともう一度問いかける）…はい。
元山：それは、笑っていて恥ずかしいからじゃなくて、みんなのこと考え過ぎちゃって、少しイラついてしまって、赤くなっていますよね？　いい意味で！ですよね!?
村上：（悩みながら、元山さんに「ですよね!?」とたたみかけられ）…はい。
元山：だから、皆を常に考えているということで、この成長曲線に書いたように、2：6：2の2に皆を引っ張ってあげようという努力を、常に考えていますよね？
村上：（安心したように）はい。

（DISC-1　0：34：37）

曾根﨑：あなたは成長していますよね？
村上　：はい。
曾根﨑：そして、卒業までにSAに行きますよね？
村上　：はい。
曾根﨑：だから、自分で成長できると言えるから、成長できるんですよね？
村上　：はい。（何度もうなずく。笑顔で相手に拍手を送る。）

○成長への道標
　菊池先生のセミナーでこんな言葉を聞いたことがあります。それは、

菊池学級の1年間でのキーワードでいちばん多く出てくる言葉が「成長」だということです。このことから菊池学級のひとつの文化として「成長し続けること」が根付いていることが分かります。

菊池学級では、4月当初に成長曲線が提示され、そこには3つの道が示されます。

> 努力をせず現状のままの「**生長**」を続ける「**Bの道**」（平行の直線）
> 「**成長**」を目指して努力する「**Aの道**」（右上がりの曲線）
> 自分の成長だけでなく、友達の成長を考えられる「**SA（スーパーA）の道**」

そして、「みなさんは、現状のままの生長の『Bの道』と、努力をして成長を続ける『Aの道』のどちらを目指しますか」と問いかけ、子どもたちと成長の道（Aの道）を目指していこうとゴールへの道筋を示すのです。

4月当初、私も同じように子どもたちに成長曲線の話をします。そして、同じように問いかけると、全員が成長の道へ進みたいと言いました。やはり、子どもたちはみな成長したいと思っているのです。だからこそ、成長の道を示すことで、子どもたちもある程度見通しをもって、自らの成長を考えた行動をするようになるのです。そして、少しずつ自分の成長だけでなく、友達や学級全体の成長に目を向ける子どもたちが出てきます。集団としてSAの道に進んでいこうとする子が出てくるのです。

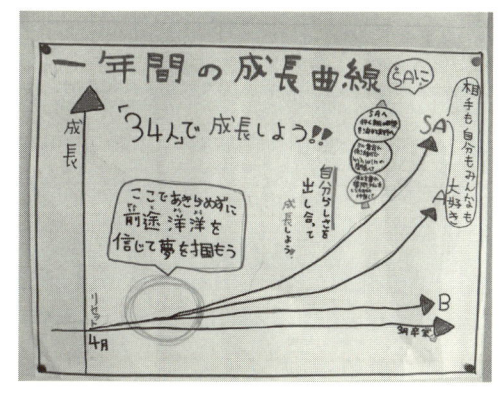

元山さんと村上さんのやりとりの中で、元山さんが「2：6：2の2に皆を引っ

張ってあげようという努力を、常に考えていますよね」という質問をしています。ここに出てくる「２：６：２」というのは、「やる気がある子」２、「どちらでもなく普通の子」６、「やる気のない子」２の割合に分かれやすいという集団の法則のことです。菊池先生は学級経営において、６の集団を２に引っ張り上げ８へと高め、残りの２を高めていくことが大切であるとよく話されています。元山さんの言う「２：６：２の２に皆を引っ張ってあげる」とは、まさに、このことを言っています。つまり、自分だけでなく集団を高めようとすることの価値が菊池学級の子どもたちには浸透していると言えます。この質問から、菊池学級全体がＳＡの道に進むべく、個が集団を伸ばし、集団が個を伸ばすという子どもたち同士の横の人間関係ができあがっていることが分かります。

また、曾根﨑さんの１つ目の質問は、ずばり「あなたは**成長**していますよね」です。そして、２つ目の質問にはＳＡ（スーパーＡ）という言葉が出てきています。しかも、卒業までにという具体的な時間設定まで質問の中に取り入れられていて、何としても卒業までには、ＳＡに行くんだという個と集団の「志」の強さを感じます。また、この質問タイムでの子どもたちのやりとりから、菊池学級の子どもたちが「一人も見捨てない」という意識の中で成長を続けていることが分かります。一緒にＳＡの道に行こうねとフォローしたり、時には今の状態ではＳＡには行くことができないと叱咤激励をしたりすることが子どもたち同士でできるようになるのです。それほど、子どもたち同士の横の関係性の強い集団ができていると言えます。

さらには、質問タイムの中で、さらに成長を加速させていこうとする子どもたちの強さを感じます。このやりとりひとつ見ても、菊池先生が成長への道標を子どもたちに提示し、戦略的に指導されていることが分かります。そして、子どもたちが成長を続けるための仕掛けや様々なアプローチをゴールから逆算して、されているのでしょう。質問タイムを学級の成長の場として進化させていくアプローチと、子どもたちの成長を信じる教師の心構えが必要なのではないでしょうか。

(3) 自分らしさの発揮「自己開示」場面（DISC-1　0:34:02）

> 中村：村上さんはいつも「笑顔」ですよね？
> 村上：はい。
> 中村：自分の笑顔がだれよりも一番すてきだと思いますよね？
> 村上：（遠慮して首をふりながらも）はい。
> 中村：そしたら、さっきもちょっと似てるかもしれないんですけれど、その、自分の菊池学級よりも、2組よりも、もっと広い世界に出て、もしアピールするとしたら、自分の笑顔をアピールできますよね？
> 村上：（力強く）はい！

○自分らしさを発揮できる安心感

　質問タイムは、ジョハリの窓でいうところの「秘密の窓」を開放し、他者に自分の秘密の部分を理解してもらう自己開示の場と言えます。2つ目の質問では、「自分の笑顔がだれよりもいちばんすてきだと思いますよね」と聞いています。それに対して遠慮しながらも答える村上さん。自分の心と向き合い、照れながらも答えていく、まさに自分らしさを出していく自己開示の場面だと言えます。そして、次の質問では、「もっと広い世界に出て、自分の笑顔をアピールできますよね」と聞かれ、今度は照れることなくすぐに笑顔で「はい」と答えます。

　2つ目の質問とは違い、ためらうことなく即答する村上さんは、「笑顔」が自分らしさだと自覚しているからこそ、素早い反応ができたのでしょう。

　菊池先生が考える「授業観」試案では、質問タイムの目指すべき成長として「自己確認・自己拡大」が挙げられています。

> 質問タイム
> 自己開示・他者理解 → テーマ、形態の進化 → 自己確認・自己拡大

　ここでの中村さんとのやりとりは、まさに自己確認・自己拡大をしていると言えるでしょう。質問タイムを通して改めて自分らしさは「笑顔」であると自分の中で振り返ることができたのではないでしょうか。このように、菊池学級の子どもたちは普段から自分の内面と対話をして、自分を違う目から見ることができます。「鳥の目になる」という価値語がまさにそれを表しています。対話の中で自分を多面的に見ることができるのが、自分らしさを発揮する上で大切です。

　また、3つ目の質問ではもっと広い世界で自分らしさをアピールするという自己拡大についての質問がされています。それを引き出した中村さんの質問力には驚かされました。菊池学級では「公の場に強くなろう」という価値語があります。これはまさに、公の場を意識して成長を続ける菊池学級の子どもたちならではの質問ではないでしょうか。

　学校は集団での生活をする場所である、学校は社会の縮図であるという言葉をよく耳にします。この学校、学級という公の場で自分らしさが堂々と言える、相手のことを理解する、そして自分らしさを拡大して成長していく、こういった子どもたちの成長の場にしていかなければいけません。そのためには、学級が子どもたちにとって安心できる場であること。それが自己開示・他者理解・自己確認・自己拡大できる最大の条件ではないでしょうか。

○さいごに

　私の学級でも昨年度、質問タイムを行いました。始めた当初は、「あなたの好きな食べ物は何ですか」といった簡単な質問から始まりました。しかし、回を重ねるごとに「この学級のいいところはどこだと思いますか」、「好きな価値語は何ですか」、「あなたの自分らしさは何だと思いま

すか」といった質問へと内容が変わってきました。友達のことをもっと深く知りたいという気持ちと、その友達が自分たちの学級のことをどう思っているのか、ＳＡに向けてどのくらい成長しているのかということを、子どもたち同士で確認をしているのではないかと感じました。

　先日、菊池先生のセミナーの中で、ある男の子の質問タイムの動画を見ました。その動画を見て私は衝撃を受けました。その男の子の質問に対する曖昧な返答に対して、「あなたは本当にＳＡに行きたいと思っていますか」、「そのために努力はしていますか」、「どうして努力しようとしないのですか」といった厳しい質問が続いていました。しかし、泣いてしまいそうな痛烈な質問を浴びながらも、その子も最後までしっかりと受け答えをしています。

　菊池先生は、このとき、子どもたちを信じて、止めに入らずに最後までその様子を見守っています。それに続いて、その日の帰りの会での、その子に対する「ほめ言葉のシャワー」の様子を動画で見せていただきました。そこには、男の子の成長を願い励ましの言葉をかける子どもたちの姿が映っていました。なかには、ほめ言葉をダンス付きの歌で発表する子もいました。その姿を見て子どもたちの温かさやつながりの深さを感じました。集団として共に成長したいと強く願うからこそ、子どもたち同士でも厳しい言葉で叱咤激励し、その後は温かい言葉でフォローをしたり歌やダンスでその子の気持ちを和らげたりすることができるのでしょう。いつもとは違った質問タイムでの様子でしたが、子どもたちが成長をひとつの軸として一人も見捨てずに成長を続ける姿に、菊池学級が１年間で築き上げてきた子どもたち同士の横の人間関係の強さとＳＡへの歩みを感じました。

　そして、改めて私たち教師は、子どもたち同士が安心して自分らしさを発揮できる学級の土台づくり、また、時には本音をぶつけ合い共に成長できる人間関係づくりを質問タイムやほめ言葉のシャワーを通じて行っていく必要があると考えます。

菊池道場徳島支部　　堀井悠平

第2章　DVDで観る菊池学級の成長の事実　解説
1－3「海の命」の話し合い

DISC-1 chapter3　　本誌 P.133～158

視聴のポイント

（1）人と意見を区別する
（2）内化と外化のスパイラル
（3）精神的に汗をかく経験

（1）「人と意見を区別する」場面A（DISC-1　0:43:31）

○討論の授業が始まる前の休憩時間でのやりとり

岡田：先生、今回の勝負は、ここに来た人たちを、どれだけ、アピールして動かしたかですよね？

菊池：そうそうそう。

岡田：よし！

（討論の授業の始まりは、少数派の岡田君の立論から。その最初の一言）

岡田：みなさん！あの私は、人は行動の前に何を考えるかとか、そういうことを、行動の前にあるのは何だと思いますか？（挙手を求める仕草）そこの方。

○本質はプロローグで語られる

　たった一人でも自分の考えを主張し、対話を続ける岡田君の姿は、春祭りの映像の中でも特に印象に残るものです。そんな岡田君のさりげない一言からも、菊池学級の子どもたちが対話の場で大切にしていることが伝わります。その一つが「人と意見を区別する」ことです。

　岡田君や他の子どもたちは、春祭りに参加している大人も自分たちと

同じように討論の参加者ととらえています。つまり、子ども同士のやり取りを観察して評価をする存在ではなく、同じ立場で物語の主人公の心情の変化について考えを深め、全員が納得する答えにたどり着きたいと考えています。あらかじめ「解答（結果）」が決まっている、分かっているのではない。今ここにいる「僕たち私たち」で一緒に考えましょう。そこに「小学生」も「教師」もなく、「大人」も「子ども」もないのです。人を動かすべきは、「人（立場や年齢）」ではなく「意見」なのです。そういった想いが土台にあるからこそ、岡田君は第一声で、会場の参加者全員に「みなさん！」と語りかけたのではないでしょうか。

　また、岡田君の「勝負は、どれだけアピールして動かしたか」という発言があります。アピールとは主張の意味でしょう。この後、岡田君やほかの子どもたちは、自分の考えを相手に理解し共感してもらうために、ありとあらゆる工夫をして伝え合います。「動かしたか」とは、「より良い形で判断させたか」という意味でしょう。あらかじめ用意された結論に辿り着くかどうかではなく、お互いが納得できる判断（思考プロセス）をつくり出せるかどうかを目指しています。そういった「価値判断の質」を問う場合、誰が言っているかといった「人」に左右されてはいけないのです。何を言っているのか、なぜそう言えるのか、どこがどう違うのか。そういった「意見」そのものをするどく見つめ、冷静に考えることが大切です。

　岡田君の主張から始まる「海の命」の討論は、約45分の間、続きます。その間に、驚くほど多くの「意見」が交わされます。そしてどの場面でも、子どもたちは「人と意見を区別する」ことを忘れていません。自分も相手もみんなも納得のいく「意見」に、対話を通して辿り着こうと懸命になります。討論の大前提として、こういった考え方が共有されているからこそ、変な「しがらみ」にとらわれることなく、建設的な話し合いが生まれるのです。

(1)「人と意見を区別する」 場面B（DISC-1　0:58:21）

中村：言ってる意味がまったく分からない…。
内川：あの、ちょっと話変わるんですけど、先ほどからこちら（中村）の質問でも言っているように、あなたのAとBはどこですか？
岡田：だからその、④文目の「こんな感情」っていうのは、たとえば⑥に…
内川：いや単刀直入に言ってください。どこ、どこですか？
岡田：それは、ありません。
内川：なぜないんですか？（会場騒然）（魚住「なかったらがらりと変わったことになりませんよ。」）
岡田：それを、それをちょっと説明させてください。⑥のことは、ここの気持ち（④の「こんな感情」）があったからこそ、この行動が出たって、言いたいんですよ。それは分かりますか？
中村：（ばっと立ち上がる）え、じゃあ言いたいことは、気持ちが、気持ちのところでがらりと変わったって言いたいんですよね。
※　岡田君の考え方がここで中村さんに伝わった。

○なぜ対話をあきらめないのか

　これは、岡田君の主張（立論）に対して、ほかの子どもたちが質問をしている場面です。岡田君は、主人公の「行動の変化」の叙述の前に、「気持ちの変化」の叙述があると考える立場で主張していますが、他の子どもたちにとっては曖昧でなかなか伝わりません。「気持ちの変化」は「行動の変化」に関する描写（A変化前の文、B変化後の文）の間に現れるととらえているグループからは、何度も何度も質問され、岡田君はそのたびに説明を重ねています。

この映像をご覧になられた多くの方は、「なぜここまで追及されても止めないのだろう？」、「なぜ岡田君はここまで耐えられるのだろう？」と思われるのではないでしょうか。
　ここにもやはり、「人と意見を区別する」という考え方が影響を与えています。子どもたちにとっては、追及されているのは「岡田君（人）」ではなく岡田君の主張する「意見（論）」です。そうであるならば、その「論」を理解したい、理解させたい。そのためには、互いに根拠を示し、結論と根拠の関係を分かりやすく説明することに集中しなければなりません。そういった対話の経験を教室で日常的に積んでいるからこそ、見通しがもてるし、自分や相手への基本的な信頼の上でやり取りを交わす（ある意味楽しむ）ことができるのです。
　付け焼刃ではなく、身に沁みて「人と意見を区別する」ことの価値を理解している。その結果、たとえ一度で伝わらなくても、諦めずに対話を繰り返すことができています。
　引用した場面の最後に、岡田君の伝えたいことが中村さんに伝わる部分があります。
　対話の波は幾度もうねり、跳ね返り、形を変えていきます。ゴールに達するのは1回目とは限らない。2回、3回、4回目でやっと伝わることの方が現実には多いものです。そういった経験を毎日の教室でどれだけ積み重ねたか。小学校での「日々の教室」のあり方が、公の世界で子どもたちが自信をもって生きていけるかどうかを左右するのではないでしょうか。

(1)「人と意見を区別する」 場面C（DISC-1　1:01:00）

内川：国語辞典を持ってきました。「ふっと」っていうのは、「何かの拍子に」つまり、拍子ということは、（中村「行動」）気持ちがあってから行動がある。それだけとは言い切れません。

岡田：「何かの拍子」はどこですか？

中村：だから「ふっと」です。

岡田：だからその「ふっと」の拍子はなんですか？

中村：はっ？

※中村さんは、「拍子」と「ふっと」を同じタイミングととらえている。岡田君は「ふっと」の前に「拍子」があると思っている。

岡田：何か（拍子）があったから、こうなったんですよね。

中村：だから、この文、「ふっと」の中に入ってるんです！その気持ちも！

内川：何かの拍子にっていうのは…（岡田「何かの拍子にっていうのは…」）

> 菊池：表現が難しいというよりも、自分の考え方と違う。そんな人と対話をすることが難しいんですよね。でもそれを疎まないで、楽しめるような状態にしたいわけですよね。そこが一番の価値あることじゃないかなと私は思うんです。

○どんな人に育ってほしいのか

　お互いの「意見」の根拠にこだわると、細かい叙述についての解釈にも議論が及び始めます。「ふっと」という副詞の意味を内川君が説明しています。すると、今度は「何かの拍子」という言葉について考え方に違いが生じています。「人と意見を区別する」価値がここにも現れています。まず、「意見」を追求することで、根拠である本文の叙述へのこだわりが生まれるという点です。主観的な感覚や思い込みではなく、客観的な情報を基に判断を下すという論理的な思考力につながります。そして、「拍子」という言葉が新しく登場したように、思考が発展するという点です。もしも「あの子が言うことだからどうせ正しいのだろう」と安易に「人」によって判断を下していたら、新しい概念や論理へと発展することなく、そこで対話は終わってしまいます。
「拍子」とは「何かが行われたちょうどそのとき」という意味があります。中村さんは直感的に理解していますが、岡田君は違った形でとらえています。この食い違いが、思考を発展させるのです。菊池先生の解説の中に次のような言葉があります。
「自分の考えと違う人と対話をすることを、疎まないようにしたい」
　そもそも、「あなたの考えと私の考えは違う。だから私はあなたと話がしたい」というような心の素地を育てるには、対話に対する基本的な安心感・信頼感が必要でしょう。対話のたびに、
「大丈夫、前もなんとかなったもの。大丈夫、今回もきっといい結果につながるはず」
　と、心の中で自分を励ますことができる人になれば、きっと子どもたちはさらなる成長を遂げるはずです。だからこそ、人と意見を区別して

誰かと対話を積み重ねる経験には価値があるのです。

　携帯電話やテレビゲームの画面としか向き合わず、自分にとって心地良い言葉のみを浴びて、思い通りにいかないと怒ったりシャットダウンをしたりして、人と向き合えない子どもが今の世の中にはいます。

　一方的な知識注入型の一斉授業、教師の言ってほしい答えを一部の子どもが予想する「的当てゲーム」のような授業の中で、
「黙っていればよし、余計なことは言わない方が自分のため、みんなのため、先生のためなのだ」
　そういった心を育ててきた子どもも中にはいるでしょう。

　菊池学級の子どもたちは、「対話」を諦めません。重ねて書きますが、それは「人と意見を区別する」ことで、冷静に話し合い、考えを深めるスキルとスピリッツを「日々の教室」で育ててきたからでしょう。一人では生まれなかったものが生まれる。話し合わずにいたのでは明らかにならなかったものが、話すことによって分かり合い、話し合う前にはなかった何かが自分の中に生まれていることを実感しているのです。それは、特別なことではなく、どの教室の、どの子どもたちにも味わわせることができるはずです。伝える人（教師）と、伝える場（教室）、そして鍛える機会（授業）があれば、必ず子どもたちは話し合うことを軽蔑しない、話し合うことに絶望しない人になります。そのような人にこそ、これからの子どもたちを育てていかなければならないと思います。

(2)「内化と外化のスパイラル」　場面A（DISC-1　1:13:45）

杉森　：なぜ泣きからほほえみに変わったのかっていうのを疑問に思って、泣きからほほえみの間で、間っていうのは行間ですよね。それで、命の大切さを太一は知ったという仮説をつけてみて、それにたいして、なぜ命の大切さを知ったか、えっと、193ページに与吉じいさが、「千匹に一匹でいいんだ。千匹いるうちの一匹を釣れば、ずっとこの海で生き

　　　　ていけるよ」っていう言葉を思い出したから、思い出したっ
　　　　ていう証拠に、
曾根﨑：201ページの最後の部分で、
杉森　：最後に、起承転結の結びの部分で、その言葉を思い出し
　　　　てるんですよ。
曾根﨑：「千匹に一匹しかとらないのだから、海の命は全く変わら
　　　　ない」って、書いています。
杉森　：最後に出るってことは、大切に思ってたってことじゃない
　　　　ですか。

☆アクティブ・ラーニングのポイント

　アクティブ・ラーニングのポイントは、問題解決のために情報を取り込む過程（内化）と、それを問題解決のために応用する過程（外化）が連続的にくり返しながら進んでいくことです。（文部科学省教科調査官水戸部修治氏の記事の趣旨を引用　小学館「総合教育技術」2015年10月号）
「内化」において重要な力には、推察力、複眼思考、逆転思考、論理的思考、因果関係をたどる力、批判的思考力、探究心、聞く力、受容力、共感力、想像力、メタ認知などが挙げられます。
「外化」において重要な力は、引用力、反論力、ユーモア力、プレゼン力、非言語伝達力、即興的表現力、話す力、クッション言葉、見える化する力などが挙げられます。
　菊池学級のコミュニケーションは、まさに「内化と外化のスパイラル」だと考えられます。

○だれもがいつでも学びの主役

　場面Ａは、⑤と⑥の行間派の子どもたちが、自分たちの主張を説明している場面です。映像を見れば分かりますが、論点を分かりやすく紙にまとめて提示しています。そして、問題提示をしてから仮説を立て、根

拠（具体的な叙述や物語の流れ）を基にその仮説を立証しようとしています。曾根﨑さん、鶴君、元山さん、杉森君の4人は、この討論が始まる前の休憩時間から、「命の大切さ」に着目して話し合いを続けていました。そして、岡田君と中村さん、魚住さん、内川君が対話を重ねている最中も、双方の主張に耳を傾けてメモを取りながら、自分たちの主張と比較し、「泣き」から「ほほえみ」という象徴的な情景描写に的を絞って意見を組み立てていました。

「相手はこう考えているのだろう」、「この立場から考えてみると、この叙述にはこういった意味が込められているのだろう」と、多面的な視点で物事を推し測ることを、この場面に至るまでメインの話し合いと同時進行で進めていたのです。そして、「どのように説明すればいちばん分かりやすいか」を考え、根拠となる叙述を引用しながら、なぜ思考で辿るようにして意見の筋道を見える化して示しています。

　ここで改めて確認したいことは、そういった工夫された「内化」と「外化」の姿が、どの場面でも、どの子どもたちにもみられるという事実です。映像を見てみると、ぽーっとしている子はどこにもいないのです。どの場面を見てもです。内川君が意見を述べているとき、武内さんは国語辞書を引いて言葉の意味を確認したり、模造紙や画用紙を用意したりしています。村上さんと魚住さん、中村さんは、自分たちが立論を述べる場面に備えて準備をしつつ、他のグループの主張も聞いて質問を投げかけています。一度は燃え尽きた（？）岡田君も、輪の外から他のグループ間の対話を見守り、時には詳しく聞くためにまた輪の中に加わります。

　よく教室で、「私はもう自分の意見言ったからいいの」、「まだ僕の番じゃないから知らない」といった状態になることはないでしょうか。自分自身の発表には気を遣うけれど、他の人の発言には興味がない。ましてや、自分の意見と比べてその差異を基に議論を発展させることなどほとんどないといった様子は、めずらしくない光景なのかもしれません。こういったカラオケ型（それぞれの発信のみに終始する）言語活動には、「かみ合う」場面がありません。

そうではなくて、内化と外化のスパイラルの中で、いつでもだれでも「参加者」になり、つながり合う授業場面を工夫してつくらなければなりません。今回の「海の命」の討論を見ていると、11人の子どもたちの誰もが、学びの「主役」なのです。メインの話し合いが舞台上とするならば、たとえ舞台袖であっても、あるいは裏方であっても、「自分が主役の『海の命』」を懸命に学んでいるのです。そんな姿こそ、本当のアクティブ・ラーニングと呼べるのではないでしょうか。

(2)「内化と外化のスパイラル」 場面B (DISC-1 1:08:57)

> 魚住：(イラストを示しながら) 例えば、悲しいから喜びに変わったっていうのが、そういうのが気持ちが変わったっていうことじゃないですか？そうですよね？(会場を見渡し「間」を取る) それで、さっき岡田君は④に、AとBはないと言っていましたよね？でも、その前に、行動が変わる前に気持ちが変わったと言ってましたよね？でもそれだったら、そう言っておきながらその後で、それはないんですよって言ったら、矛盾してるじゃないですか！矛盾してるじゃないですか！

○クッション言葉と自問自答

　これは、岡田君と他のグループのやりとりが白熱したところで、それまで輪の外にいた魚住さんがすっと発言をした場面です。
　クッション言葉とは、「～ですよね？」、「～じゃないですか？」というように、意見を途中で区切って相手の理解を確認する際に使う言葉遣いの一種です。ビジネスシーンなどでは多様なクッション言葉が使用されます。今回のような討論においても、立論、質問、反論、どの場面でも有効な表現技法で、魚住さんに限らず、菊池学級の子どもたちは当たり前のようにこの「クッション言葉」を使いこなしています。

この場面Bでも、外化の際に、見える化（図解化）をして論理的に伝えること以外に、クッション言葉を使って相手の理解のテンポを確認し、寄り添うようにして意見を伝えているのです。また、菊池学級では相手の話を聞く際には、「目を見る」、「相づちを打つ」、「感想か質問をすぐに伝えるつもりで聞く」といったことも日頃から徹底されています。
　そういった外化と内化の力を高めることで、思考のキャッチボールが豊かになり、関わり合うことの快感や充実感を日々実感しているのでしょう。それに、クッション言葉を使うことは、白熱した際に一度その場から距離を置くことと同様に、「自問自答」につながっています。
　場面Bの魚住さんは、「そうですよね？」といって会場全体を見渡し、一瞬「間」を取っています。これは、岡田君、会場の大人たちの理解を確認したことに加え、魚住さん自身の思考の確認にもつながっているのではないでしょうか。「間」を取ることは、相手にとっても、自分にとっても、思考を加速させる前の小休止となり、落ち着いて論理的に話す土台になっていると考えられます。そして、議論の内容をお互いに確認し、共通理解を図った上で次へと進めることも、「建設的な話し合い」ではなくてはならないステップなのではないでしょうか。
　この日の午後、「冷静でいるためにどんなことに気を付けていますか？」という参加者の問いに、魚住さん、内川君、杉森君、中村さんが、「一度、議論の輪から外れて自問自答すること」と答えています。村上さん風に言えば「一回、心を真っ白にする」という瞬間を、内化と外化のスパイラルの中に工夫して織り込みながら、子どもたちは白熱する教室を楽しんでいるのではないでしょうか。

(3)「精神的に汗をかく経験」　場面A　（DISC-1　0:53:51）

> 魚住：じゃあ、中村さんと同じになっちゃうんですけど、私たちが聞いているのは、こういう気持ちがあったけど、こうなったっていう気持ちを聞きたいんですよ。

> 岡田：あ、それはその、私の意見は、あなたたちが言うそれらの行動の前に気持ちがあるから、その行動の前に気持ちがあったところが変わったと思っているわけです。
> 魚住：だからそうじゃなくて、例えば、嬉しいから悲しいとか、悲しいから嬉しいとか、そういう感じで聞きたいんですよ。
> 岡田：…。（教科書を見ながら考える）
> 魚住：「こんな感情」って、たとえばどんな感情なんですか？悲しいとか。
> 岡田：えっと、殺意があったのがなくなったのと、…。ほんとう…とかです！

○途方にくれる瞬間

　なんとかして分かってもらいたい。なんとかして相手の言い分を理解し受け止めたい。そう思っていても、どうしていいか分からないときがあるものです。けれど、菊池学級の子どもたちを見ていると、そこで「もういいや…」と諦め投げ出すのではなく、「でもさ…！」「だから…！」「だってさ…！」そんなポジティブなD語で「なぜか？」にくらいつく心の強さを感じます。どうにかしてWIN-WIN-WINの道を見つけたい。そのために、頭を寄せ合って資料をのぞきこんだり、自分にできることを見つけて精一杯こつこつ行動したりしています。

　それでも、やってやって、やれるだけやっても日が当たらないことがあります。どれだけ言葉を重ねても伝わらないことがある。必死に準備をしたけれど、それを出せずに終わってしまうことだってある。そういう学びもあるのだということを、子どもたちは知っているのかもしれません。

　それでも、自分のもてるものを総動員して互いに心と心をぶつけ合った経験は、子どもたちの心に何かを残すのでしょう。そんな情動の共有体験は、子どもたちの「ヨコのつながり」を豊かにし、自分への自信と他者への信頼を確かなものにするはずです。

岡田君は、魚住さんや中村さん、内川君の質問や反論を真正面から受け止めています。魚住さんたちも、真正面から岡田君に向き合います。互いの目を見て一対一で対話をする姿は見る者の心に響くものがあります。汗をかくほど運動をして体を鍛えることと同じように、精神的に汗をかくほど仲間と思考した経験は、頭と心を逞しくするのではないでしょうか。

(3)「精神的に汗をかく経験」 場面B （DISC-1　1:20:46）

元山：だから、⑤と⑥でいいじゃないですか。
中村：だから、行間だから、いろんな気持ちも交じってるわけじゃないですか、絶対にこっちとは言えないじゃないですか。
元山：でも私たちはそこだってとらえたんですよ。
中村：だからなぜそこだってとらえたんですかって聞いているんですよ。
元山：それは解釈の違いじゃないですか。
内川：じゃあ、あなたの解釈ってどんな解釈をしたんですか？
元山：（声が小さくなる）泣きから笑いになって…。
中村：それの理由を教えてくださいって言ってるんです。なんで、絶対に笑って証言できるんですか？って言ってるんです。

○自分よりも上の人から学ぶ
　⑤と⑥の行間派のグループは、丁寧に論理を組み立てて主張をしました。自信をもって意見を提示したけれど、中村さんたち⑥グループから思いがけない質問を受けて戸惑います。大人であっても、自分たちが「これが正しい！」と信じた考えをもつと、その考えに縛られるものです。相手からの指摘が思いがけないものであればあるほど、受け止めるのに時間がかかります。いつも堂々としている元山さんが、思わず声を小さくして中村さんに圧倒されてしまう場面は、とても印象的なものです。

これで完璧だ！といくら思っていても、他の人につっこまれる。「自分より上の人」がたくさんいることを思い知らされる。大人でも、こういった場面では落ち込んでしまいがちです。しかし、菊池学級の子どもたちはしなやかです。少し落ち込むこともあるけれど、いじけるほどのことではない。その意見も踏まえて練り直せばいい。そういったある種の楽観主義をもって成長していきます。

　これは、日頃の教室で価値語を中心としたポジティブ思考の育ちが背景にあると考えられます。「恥ずかしいと思う人が恥ずかしい」、「されど」、「切り替え力」、「一人が美しい」、「自己内責任」、「価値ある無理」など、失敗をプラスにとらえる考え方や、「無茶ぶりに耐える力」が自分を大きく飛躍させることを、体験と日頃の教師の言葉かけを通じて学んでいるのでしょう。

　昨今、「レジリエンスを高める教育」という言葉が教育界からも聞こえ始めています。「レジリエンス」とは、「復元力」、「柳のようにしなやかで、折れない心」といった意味の言葉です。菊池学級の子どもたちは、「ほめ言葉のシャワー」や「成長ノート」などの取り組みによって、安定した学級土台の中で、豊かな対話学習を積み重ね、「精神的に汗をかく」経験をたくさんしてきました。その日々が、知らず知らずにレジリエンス（逆境から立ち直る力）を高めていたのではないでしょうか。

(3)「精神的に汗をかく経験」 場面C （DISC-1　1:11:59）

杉森：（イラストを示しながら、）まず、④ってこの辺じゃないですか？

岡田：あなたたちの意見で言うとですね？

魚住：っていうか、周りの人もそう思っていて、だから、④は、ピナクルを作るための…（中村「土台」とつぶやく）土台なんですよ。つまり、そこはピナクルではないんです。もしそこで殺す殺さないの気持ちが変わっていたとしても、それは土

　　　　台であって、しかも…
　　岡田：あああああ──────！！！！（会場笑い）あ、もう君は大丈夫。（中
　　　　村さんに）。まどちゃん（魚住さん）、ありがとう。
　　　　（子どもたちも笑顔、中村さんも笑顔。）
　　魚住：何行目に変わるんですか？
　　中村：もちろん⑥でしょ。
　　内川：行間でしょー！待って！もう言わんとこ！本人に決めさせよ
　　　　う。
　　岡田：ちょっと⑥はなしにしたい。
　　　　（⑥チームからえぇー！の声）

○そこに「笑顔」があるかどうか

　これは、ついに岡田君が納得する場面です。岡田君は主人公の気持ちががらりと変わったのは、④だと主張していました。そして他のグループは⑤と⑥の行間と、⑥を主張していました。教師の感覚からすると、④というのは、多少的外れのような印象を受ける場合もあるかもしれません。ですが、岡田君は岡田君の根拠をもって意見を主張し、他の子どもたちも真剣に互いの考えを伝え合いました。「読みの能力が十分ではない」という上下の感覚は子どもたちにはありません。

　そうではなくて、全人格をかけて「相手をより納得させうる意見」を共に創り上げていました。知識や技術技能の習得よりも、授業の中での「変容」に価値をおいて学びを深めていくと、思わず白熱して声が大きくなり、身振り手振りが入ったり、額に汗を流して伝え合ったりする場面も生まれました。上の場面Cでも、魚住さんが「④はピナクルを作るための…」と身振り手振りを使って懸命に説明をしようとしています。そこへ中村さんが思わず、「土台」とつぶやいたのです。瞬時に魚住さんは「土台なんですよ」と手で山（ピナクル）を支える大地（土台）があるかのようにして身振り手振りで説明をしました。そんな魚住さんの説明を見て、聞いて、岡田君は教科書の内容をふっと確かめ直しました。

岡田君は⑤⑥⑦⑧の気持ちの揺れ動きの前の④が、主人公の気持ちが変化したところだと主張していました。そうではなく、④はある種のプロローグであり、その後の展開を陰で支える役割だととらえ直すことができたのでしょう。

「腑に落ちる」という言葉があります。思わず叫んでしまうほどの変化の直後、岡田君は笑顔で魚住さんに握手を求めました。なぜ「笑顔」なのでしょうか。笑顔とは一般的に、「楽しいとき」、「嬉しいとき」、「気持ちいいとき」などにこぼれるものです。「分かり合えた！」という達成感やちょっと難しいことでも乗り越えられたという充実感からの笑顔かもしれません。

　自己表現を通してお互いの成長を実感するとともに、自己有用感や自己効力感の高まりから生まれた笑顔かもしれません。あるいは、いい意味で仮面をかぶり、「人と人とのぶつかり合い」ではなく、「論と論とのぶつかり合い」であることを忘れないようにするためのサインとしての笑顔かもしれません。休み時間ではなく、授業中に協同的な学びを通して笑顔を分かち合う。それはきっと「知的でほんわかした学級」に欠かすことのできない要素なのではないでしょうか。

■まとめ　（DISC2　1:47:40）

参加者：さっき、討論の時、すごいみんなから集中砲火されてて、私だったら絶対、怒っちゃうなって思ったんですけど、本当に心からムカッとしてなくて、冷静でいられたのかなーっと思って。どうですか？

岡田　：うーん。（冷静で）いられました。

参加者：それはなんで？

岡田　：（一瞬考える）一応はその、自分で作った意見じゃないですか。それがダメになったのは、自分の意見が不十分だったので、その、結局自分がやってなかったってところが悪

> いんで、別に他人に怒らなくていいんじゃないかって思う。
> 参加者：変わる時は、結構、アッサリ変わったように思ったんだけど、（岡田君笑う）あれはなんでなんですか？
> 岡田　：納得したっていうのもあるし、そしたら、じゃあ納得したならいちいち続けなくても、ダメだったんだからほかのところに、変わった…。

○**自己開発の瞬間**

　大村はま先生の言葉の中に「自己開発の瞬間」というものがあります。

「生きた人と人とが、貴重な生命のひとこまを使って打ち合っているそのとき、何が起こるのかということを、私は悟らせたい」

　　　　　　　※「大村はまの国語教室」（筑摩書房刊）から

　討論やディベートなどの対話学習、あるいは学校という場における教育の本質は、「自己開発の瞬間を、子どもたちの中にどれだけ生み出せたか」だと思います。「人と意見を区別」しながら、「内化と外化を豊かに繰り返す」ことで、「精神的に汗をかく」経験を積む。菊池先生の、1年間の見通しをもった学級経営と授業づくりの先に、今日の子どもたちの豊かな姿がありました。まさに、上に挙げた大村はま先生の言葉のような場面が何度もみられました。

　お互いに立場をもって意見を比較し吟味する。その中で、ときには相手軸に立って多面的な視点で「よりよい判断の質」を問う。実生活の場では、教科書も指導書も台本もありません。まさにジャズのように即興的に相手との対話を創り上げ、問題解決の道を進まなければなりません。菊池学級の子どもたちは、日々の教室の中で、実生活の疑似体験をして成長を積み重ねたともいえます。そういった視点で教室や子どもたちの姿をとらえたならば、どんな場所のどんな子どもたちに対しても、より充実した指導や言葉かけが生まれてくるのではないでしょうか。

ただ、先に挙げた参加者と岡田君のやりとりの場面で、心に引っかかった点があります。それは、「意見を変える」ことに対する認識の差についてです。

　今の日本の社会の中には、考えを途中で変えるのは良くないこと、もしも変えるのであれば、それは申し訳なさそうに遠慮しながらするべきであるという考え方が残っているように感じるのです。極端なことを言えば、それは仲間への裏切りであり反逆行為である。「みんな一緒」、「ずっと一緒」であるべきところで、異を唱えるのは悪いこと。そんな意識が背景にありはしないでしょうか。はたしてそれは、正しい考え方なのでしょうか。

　私は、間違っていると思います。極端な話をすれば、「個の確立」はもっとも重視すべき発達課題だと考えます。一人の個人として、人と意見は区別して凛々しく行動すること。本当に納得のいく答えでないならば、簡単に受け入れるのではなく、「なぜ思考」で問い続けるべきです。そ

してその結果辿り着いた答えが初めと違ったならば、スパッと立場を変えても全く問題はないのです。その「変容」にこそ価値があるのです。社会全体が寛大な心でお互いの「価値判断の質」や「個の変容」を尊重し合うことは、子どもたちをよりよい社会の形成者へ成長させることにつながると信じています。

「同じでなくちゃなんない症候群」から抜け出して、一人ひとりが確かな言葉の力で思考し、誰かに引っ張られるのではなく自分の頭で考え判断する。そんな人間を育てるための道筋を、菊池学級の子どもたちの姿（事実）が、明るく照らしているのではないでしょうか。

菊池道場愛知支部　古橋祐一

DISC 1

第2章　ＤＶＤで観る菊池学級の成長の事実　解説
１－４　ほめ言葉のシャワー

DISC-1 chapter4　　本誌 P.158 ～ 163

視聴のポイント

(1) 質問タイムとのつながり
(2) 言葉にこだわる
　　①観察力
　　②表現力
(3) 進化するほめ言葉のシャワー

○**ほめ言葉のシャワーとは**

　菊池先生は、『「ほめ言葉のシャワー」とは、一人ひとりのよいところを見つけ合い伝え合う活動です。日めくりカレンダーを描き、その日を描いた子が終わりの会で教壇に上がり、残りのクラス全員から「ほめ言葉」の「シャワー」を浴びるという活動です』と示されています。

〈「ほめ言葉のシャワー」の具体的な手順〉
『一人ひとりのよいところを見つけ合い伝え合う活動』
○年間４回（４巡）程度行う
○毎日の帰りの会で行う
①毎日日めくりカレンダーを各自１枚ずつ描く
②その日めくりカレンダーを描いた子どもが教室前の教壇に出る
③残りの子どもと教師がその子のよいところを発表する
④発表は自由起立発表でシャワーのように行う
⑤全員の発表が終わったら前に出ていた子どもがお礼のスピーチを
　行う
⑥最後に教師がコメントを述べる

「小学校発！　一人ひとりが輝く　ほめ言葉のシャワー」（日本標準刊）より引用

(1) 質問タイムとのつながり

　質問タイムでは、「自己開示・他者理解」をし、一緒に成長し合う、つまり、子どもの内面を知ることを目標として行っています。
　ほめ言葉のシャワーでは、友達のよいところを「事実＋感想」の形で伝えることによって、自分にとっての盲点をお互いに理解することができます。質問タイムとほめ言葉のシャワーをセットにすることは、子どもたちの信頼関係や人間関係を築く土台になっていると言えます。

(2)「言葉にこだわる」　①観察力の場面（DISC-1　1:28:02）

元山：あなたは今、ディベートをしているときに、…いろいろなことを調べていました。
内川：今、ここで、あの話し合いをしているときに…。
魚住：さっき、みんなが白熱している間に、…指摘してくれました。
村上：さっきのディベートの時のことです。
中村：「春」の意味を言う時のことです。
鶴　：ディベートの時に…。
武内：2、3時間くらいしかなかったのに、9人の人がほめ言葉を見つけてくれたのでうれしかったです。

　子どもたちの発言から、主人公が「いつ」していた行動なのか明確に分かります。子どもたち一人ひとりが主人公の行動をよく見ています。そして、自分の見つけた友達のよいところを的確に伝えることができています。そして、誰一人として前の子が言ったことと同じ内容を言っていません。菊池学級では、日々、ほめ言葉のシャワーを行うにあたって

子どもたちが主人公の姿を熱心に観察し、「もっと見つけよう」という強い意識がはたらいているのです。

また武内さんの感想に「2、3時間くらいしかなかったのに、9人の人がほめ言葉を見つけてくれたので嬉しかったです」とあります。子どもたちは短時間でも友達のよいところを見つける力が育っています。菊池学級の子たちは、学校生活の中で「もっと友達のことを知りたい」という気持ちが培われているのだろうと考えられます。

教師が子どもの観察に価値付けをしたり、認め合ったりするのと同時に、菊池先生の実践のように子どもたちに徹底的に「見ること」を意識させることによって、自然と観察力が鍛えられていくのです。

(2)「言葉にこだわる」 ②表現力(文末表現)の場面(DISC-1 1:28:07)

元山：内川君がずっと意見を言ってたじゃないですか。
内川：公の場では慎重になれるのですね。
魚住：消しゴムみたいになれる人ですね。
中村：すごい成長しましたね。

> 杉森：教室の3箇条が守れていますね。
> ・〜ですよね。・〜ですか。

　文末が対話形式になっており、真剣に相手と話をしているのが分かります。ほかにも、子どもたちの「伝えたい」という想いが映像の中で垣間見ることができます。きちんと伝わるようにジェスチャーや表情といった非言語で表現したり、お互いが相手をしっかり見たりしています。また、発表が終わった後は両手で握手していて、ほめ言葉のシャワーにおいて、コミュニケーション方法や礼儀作法の学習も成り立っていることが分かります。

(2)「言葉にこだわる」②表現力(引用力)の場面　(DISC-1 1:28:14)

元山	：縁の下の力持ち、支えていける人
内川	：意見をつくれる、最後までこだわれて、慎重
魚住	：冷静に客観的に白熱、頭が鉛筆みたいに三角にならないで、消しゴムみたいになれる人
村上	：積極的、前向き
中村	：空気の読める、成長
鶴	：公の場、公で支えられる立派な6年生
曾根﨑	：素直に謝ってくれた、心が優しい
杉森	：けん制、教室の3箇条
佐竹	：駆け足、非日常を楽しむ、前のめり、さりげない優しさ

　子どもたちの感想の中には価値語やプラスのストロークが入っています。先ほど述べたように、「ほめ言葉のシャワー」は、(事実＋感想)の形で行います。事実と感想を述べることで、深い内容のことを伝えることができたり、会話文が多いからこそ話の内容が具体的になったり、価

値語を使うことでより説得力が増したりしているのです。菊池学級では、学級全体に価値語が根付いているからこそ、とっさのときに絶妙の言葉を文脈の中で使うことができるようになっているのです。

(3)「進化するほめ言葉のシャワー」場面　（DISC-1　1:31:08）

> 曾根﨑：えっと、じゃあ、私と杉森君でほめ言葉を劇にしてやりたいと思います。
> 岡田　：えっと、ロマンティックなほめ言葉をしまーす！

　曾根﨑さんと杉森君のほめ言葉では「シャワー」から「劇」に、岡田君は「ロマンティックなほめ言葉」に進化しています。なぜ、劇にしたのでしょう？なぜロマンティックにしたのでしょうか？私は、これは、曾根﨑さんや杉森君、岡田君が自分らしさを表現しているからだと思います。

　そして、みんなが武内さんらしさを知っていて、武内さんのことを理解し、武内さんが最も喜ぶような発表にしたかったからこそ、それぞれが工夫したのです。

　映像を見て分かるように、3人には「恥じらい」や「照れ」がありません。自分の思いをありのままに表現できるというのは素敵です。

　ありのままを表現することで、岡田君のようなユーモアあふれる発表ができるのでしょう。こういう経験をするからこそ想像力や発想力が自然と身に付いていくのだと感じました。学校生活の中で培ってきた信頼関係・人間関係が大事だということが分かります。

■まとめ

　人は欠点の方が見つけやすいものです。4月当初、私の学級でも「○○さんは運動音痴」、「○○君は、かけ算ができません」と、友達に対して、ネガティブな発言をしてくる子もいました。安心の土台がなければ、

友達を傷付けてしまう発言をすることが平気になり、本音で語り合うことはできません。

　子どもたちに、よいところを探すようにさせると、よいところをたくさん発見することができます。ポジティブな発言も増えてきます。質問タイムで子どもたちの内面を知り、ほめ言葉のシャワーでは子ども同士の横のつながりを深めています。

　菊池学級では、この取り組みによって、友達のよいところを見つけることを毎日の習慣にして、安心と安全の学級づくりを、一日一日と確実なものにしています。
「質問タイム」と「ほめ言葉のシャワー」は、繰り返すことに価値があり、子どもたちの安心できる土台（人間関係づくり）につながっているのだと、改めて感じました。

　　　　　　　　　　　　　　菊池道場徳島支部　　森下竜太

第2章　ＤＶＤで観る菊池学級の成長の事実　解説
２－１　自己紹介

DISC-2 chapter1　　本誌 P.164～167

視聴のポイント

（1）内省
（2）プラスのストローク
（3）スピーチでなく対話

(1)「内省」場面Ａ（DISC-2　0:01:09）

> 元山：はい。えっと、私を動物に例えると、ハリネズミだと思いました。ちょっと絵が下手なんですけど、これが普段で、こっちが多少警戒をもったときなんですけど、普段って、例えば警戒しているときって悪いことをしている人がいたら、まあいい意味でスルーする人もいると思うんですけど、その、教えてあげた方がいいと思うので、こんなふうになって少し鋭い口調で注意してあげたり、ディベートでも、尖り過ぎてはいけないけど、ある程度は尖って、少しひどい口調で言ってしまってもしょうがないんじゃないかなって思うので、まぁ、ハリネズミ、時と場合に分けてできるっていう意味で、私はハリネズミに例えました。

○自己の内面をポジティブに語ることができる

　元山さんは、「鋭い口調で注意する」、「ディベートのときにひどい口調になってしまう」など、自分に尖っている一面があることをハリネズミに例えることで、自己の内面を語っています。そして、口調が乱暴になるという一面をポジティブに語っていることに驚きを感じます。もちろん口調が乱暴になることは、あまり良いことではありません。元山さんもそれを分かっているはずです。しかし、なぜ彼女はマイナスの部分をポジティブに語ることができるのでしょうか。

　その理由の一つとして、菊池学級が目に見える成長ではなく、「心の成長」を意識しているからだと思います。新学期、子どもたちに「去年１年間で成長したことは何か」と尋ねると、多くの子どもは「身長が伸びた」や「足が速くなった」、また「計算が速くなった」などと答えます。子どもたちは目に見える部分の成長を自分の成長としてとらえがちです。しかし、本当に大切なことは目に見えない部分の成長、つまり、「心の成長」ではないでしょうか。

　ひどい口調になってしまうことで、友達とのトラブルもあったかもしれません。しかし、「心の成長」に目を向けることができると、良い面も悪い面も含めて、今の自分として認めることができるはずです。そし

て、普段から「心の成長」を感じることができているからこそ、元山さんは乱暴な口調になってしまうことに目を向けるのではなく、その内側にある「注意するのは友達のためを思うからこそ」や「白熱したディベートをしたいから熱くなる」といった、自分の内面に目を向けることができたのでしょう。今はこういう行動をとってしまうけれど、いつかは変わることができると考え、ポジティブに語ることができるのではないでしょうか。

　菊池学級には「『生長』ではなく『成長』に」という価値ある言葉（価値語）があります。子どもたちに心の成長を気付かせることが、教師の大切な役目なのではないでしょうか。

(1) 「内省」場面B（DISC-2　0:03:18）

> 村上：えっと、私は、リスだと思いました。結構みんなからリスっていうことは言われるんですよ。リスって、実を採るためにいろいろと、努力を積み重ねて木に登ったりするじゃないですか。だから私も、その、まあ最初らへんに言ったみたいに、小さなことからこつこつとやることが、似てるんだなって思ったからリスだと思いました。

○自分のよさを堂々と語るかっこよさ

　村上さんは、小さなことからこつこつと努力できる部分をリスに例えています。おそらく、彼女に「例えばどんなことですか？」と質問をすれば、いくつもの具体的なエピソードを語ってくれるはずです。自分のよさを嫌味なく堂々と語れる姿はとてもかっこいいですね。努力をすることの大切さは誰でも知っています。しかし、12歳で「自分は努力のできる人です」と堂々と語れる人はどれだけいるでしょうか。

　なぜ、彼女は自分のよさを堂々と語れるのでしょうか。それは、努力という言葉が彼女の中で生きた言葉になっているからだと考えます。つ

まり、彼女は、努力という言葉に対して、具体的な行動や姿をイメージできるはずです。これは、言葉として教えられるだけでは学ぶことはできません。実際の経験を通して、学んでいくものだと考えます。そこで、重要になってくるのが私たち大人の関わり方です。

　普段、子どもたちをほめる場合、「すごい」や「えらい」といったありきたりな言葉を使いがちです。しかし、これでは何がどうすごいのか、どうしてえらいのかが伝わらず、ただほめられただけに終わってしまいます。そもそも言語そのものは、単なる記号にしか過ぎず、そこに意味や定義を付けることで、人の意志・思想・感情などの情報を表現・伝達する、または受け入れ、理解するための媒介となります。従ってその言語の表現している情報には個人差があり、抽象性が存在します。そこで、「具体的な行動を汎用性の高い言葉で価値付けする」ことで、言葉によって成長しようとする人を育てることができるのではないでしょうか。

　例えば、教室に落ちているごみに気付いてそれを拾った子がいたとします。その子に対して、「ごみを拾ってえらかったね」という声かけではなく、「ごみを拾ったということは、自分の力を人のために使うことができたということですよ。そういう人の周りには自然と人が集まってきます」と声をかけます。「ごみに気付いて拾った」という具体的な行動に「人のために自分の力をつかう」という汎用性の高い言葉で価値付けされます。そして、この言葉が表す具体的な行動を増やすことで、子どもの中で生きた言葉として残るのではないでしょうか。

　大袈裟かもしれませんが、子どものきらりと光る行動一つ一つに対して、その子にとってどれだけ価値のあることなのかを伝えてあげることが大切だと思います。そうすることで、子どもたちは言葉を経験から学び、自分のよさとして自覚していくのです。

(2)「プラスのストローク」 場面（DISC-2 0:03:45）

> 内川：僕を動物に例えると、ヤマアラシです。理由は、ヤマアラシって、あらしの漢字が違うんですけど、「あらし」って、「し」を「す」にかえると「荒らす」って読めるんですけど、4年生のぼくって、ずっといろいろなところを荒らしてたんで、そういう意味でヤマアラシの「あらす」で、あと見た目的にも、ぼっさぼっさしてるのも髪の毛に似てるのと、あの、このヤマアラシのとげって、いつもは閉じててしなってしてるんですよ。そういうまだ自己開示ができていないっていう部分と、自分と、今できているっていう活発な部分のこの自分の、ギャップっていうか成長の段階というのをこのヤマアラシはよく伝えてくれているので、ぼくはこれにしました。

☆ストロークとは

　ストロークとは、なでる、さするなどの意味がありますが、交流分析（TA）では相手の存在を認める言動の全てをストロークと呼んでいます。「おはようございます」「こんにちは」という挨拶や、優しく微笑みかける肯定的なストロークもあれば、叱る、怒るなど否定的なストロークもあります。人が幸せを感じるのも、不幸せになるのも原点はストロークの出し方、受け取り方によります。

（日本交流分析協会 HP より引用）

　＊参考 URL　http://www.j-taa.org/index.html

○成長を実感できる環境

　内川君は過去の自分を振り返って「いろいろなところを荒らしていた」ことから自分のことをヤマアラシに例えています。菊池学級の子どもたちは、過去の自分のよい面も悪い面もはっきりととらえることができている印象があります。人は自分のあまり良くなかった過去については、

恥ずかしさがあるのでなかなか話せないものです。しかし、内川君は過去の自分を前向きに語っています。聞いていて悪い印象を受けた人はいないと思います。

　なぜ、自分の悪い過去を語っているのにネガティブな印象を受けないのでしょうか。それは、内川君が自己の成長をはっきりと実感しているからだと考えます。子どもたちは、自己の成長を自分では実感しにくいものです。そこで、大人はもちろん、周りの友達との関わり方が重要になります。人と人とが関わる中で、ストロークの交換が行われます。周りの大人や友達が、プラスのストロークを与えてくれることが、自己の成長の実感につながるのではないでしょうか。

　菊池学級の子どもたちは、ほめ言葉のシャワーという取り組みの中で、友達から「ほめ言葉」というプラスのストロークをたくさん受ける機会をもっています。ほめ言葉のシャワーを始めたばかりの子どもたちは、友達の良いところを意識的に探し、ほめようと意欲的に活動します。普段ほめられることの少ない子どもにとっては幸せな時間なのかもしれません。

　しかし、これだけでは、「良い行動をしたから」や「ほめ言葉の主人公だから」というような条件付きのプラスのストロークに過ぎません。条件付きのプラスのストロークばかりになってしまうと、他人の評価や価値観に左右される人になってしまう可能性があります。そこで大切なことは、条件付きのプラスのストロークから無条件のプラスのストロークに変えることです。無条件のプラスのストロークは、他者から人格そのものを肯定的に認められる言動のことです。つまり、子どもたち同士にお互いの人格を認め合う関係を構築させて、つながりをもたせることだと考えます。菊池先生は、ほめ言葉のシャワーを単なるほめ合うだけの活動で終わらせません。活動を通して互いを認め合い、みんなで成長していこうという学級に変えていったからこそ、内川君は自己の成長を実感できたのではないでしょうか。

　内川君の自己紹介からは、「いろいろなところを荒らしていた自分か

ら変わることができた。そして、これからも成長していくぞ」という成長への喜び、そして、未来の自分への期待が伝わってきました。友達と認め合うことで、自己の成長を実感する。そして、その喜びは次の成長への原動力となっていくことでしょう。

(3)「スピーチでなく対話」場面（DISC-2　0:05:17）

> 鶴　：えっと、ぼくは亀にしました。ぼくの苗字は鶴なんですけど亀にした理由は、えっと、うさぎと亀っていうお話があるじゃないですか。うさぎがさぼったから結局負けたっていう。あ、まぁ曾根﨑さんのことじゃないですよ。そういう部分でやっぱり亀はちょっとずつ努力しているんで、ぼくも、小さなことから努力して、最終的にはSAに行くっていう、そういうSAの仕方をぼくは目指したいので、ぼくは亀にしました。

◯相手を意識しているからこそのユーモア力・即興力

　私が今までに受け持った学級での自己紹介は、相手を意識せず、考えていた内容をそのまま話すだけのようになっていたと感じます。自己紹介の目的が、考えた内容を音声言語にして表現することに留まっていたのでしょう。そこには、相手に伝えるという目的が存在していません。人が話すという行為には、聞く人の存在が不可欠になります。もちろん、「相手の方に身体ごと向けて話すこと」や「みんなが聞こえる声で話すこと」などの指導は行っていました。しかし、形式的なものになってしまい、子どもたちに本当の相手意識というものがなかったように思います。しかし、鶴君の「苗字は鶴なんですけど亀にした理由は」という言葉からは、聞く側を楽しませようと、また、その反応を自らが楽しもうとしていることが想像できます。一方的な情報の発信ではなく、話し手と聞き手の間にコミュニケーションが成立しているかのように感じます。
　菊池学級の子どもたちの自己紹介を聞いていると「〜じゃないですか」

というような聞く側への問いかけや、身振り手振りが多く見られます。これは、発表というよりも会話や対話に近い印象があります。相手に自分の主張を伝えたい、自分の想いを分かってもらいたいという気持ちが伝わってきます。彼らにとっての自己紹介は、あらかじめつくっていた台本の音読ではなく、相手意識がはっきりとしている対話なのでしょう。

　また、鶴君はうさぎと亀の昔話を使って説明する中で、自分のことをうさぎと例えていた曾根﨑さんに「あ、まぁ曾根﨑さんのことじゃないですよ」とフォローを入れます。台本通りに話していては、到底できないことです。話の内容をその時の状況に合わせながら変えていったのでしょう。教室で自分の考えを順番に発表していく場合、自分自身の発表には気を遣うけれども、友達の発表には興味を示さない子どもの姿は珍しくはありません。一方的な発信だけの子どもは、友達の話を聞いて、自分の話す内容をその場で考え直し修正することはできないでしょう。対話において、話を「かみ合わせる」ことは、大変重要になります。したがって、対話は話す役割・聞く役割を交互に繰り返す中で、相手の反応に合わせながら次に話す内容をその場で決めていくことになります。そのときどきにあった対応をしなければならないので、即興力が必要となってきます。鶴君の自己紹介は討論やディベートなどの対話学習やコミュニケーションを重視した活動や指導が数多く行われている菊池学級ならではのものではないでしょうか。

■自己紹介のまとめ

・自己開示の先にあるもの

　学級で自己紹介をさせると、おそらく多くの場合は「私の名前は○○です。好きな食べ物は△△です。一年間よろしくお願いします」という形式だけのものになってしまいがちです。しかし、自分のことを周りにいる人に紹介することは、その環境でのコミュニケーションの第一歩ではないでしょうか。人が生きていく中で自己紹介する場面は大小含めて数多くあるはずです。子どもたちが社会に出て困らないためにも、自己

紹介で自分のことを語ることができる力を高めていきたいものです。

　ここでポイントとなるのが自己開示です。自己開示とは、自分についての個人的な情報を率直にありのまま相手に伝えることを言います。自己開示には、自己開示をされた受け手も同程度の自己開示をするという、返報性があります。つまり、「相手がそこまで話してくれたから、自分も話そう」という気持ちが生じるのです。このように、お互いに少しずつプライベートな話をしていくことで、人との関係が深まっていくのではないでしょうか。

　今回、このセミナーで司会を務められた田中聖吾先生は、自己紹介に「自分を動物に例えると」という条件を加えています。これは、表面的な自己紹介にならないよう自己紹介に条件を加えるというファシリテーションのスキルです。そのほかにも「果物に例えると」「漢字1文字で表すと」「ひ孫に自分はこう語られるだろう」など、参加者の自己開示を促すための工夫はいくつも挙げられます。自己紹介の場を設けるときには、内容に工夫を加えることも大切でしょう。

　では、今回のように「動物に例えると」という条件を加えて、自己紹介をさせれば、菊池学級の子どもたちのように自己開示することができるのでしょうか。それは、かなり難しいと考えます。自分の良い面も悪い面も素直にありのままに相手に伝えるということは、大人でも難しいものです。なぜなら、多くの人が「相手によく思われたい。見られたい」という感情がはたらくからです。これは、自分自身の自己評価が低いことから起こる感情なのではないかと私は考えます。つまり、自分に自信がないから、「他人の中ですごい人になりたい」と思ってしまうのではないでしょうか。

　菊池学級の子どもたちは、自己紹介を通して自己開示することができています。他者の評価は関係なしに、ありのままの自分を語ることができるのです。理由の一つに、菊池学級の取り組みの一つである質問タイム（ミニライフストーリー）が関係していると思います。これは、毎朝、その日の主人公に対して全員で質問を行うという取り組みです。口火を

切った質問に関係することをどんどんつなげていきます（詳しくは「動画で見る菊池学級の子どもたち」（中村堂）を参照）。質問を通して、お互いに深く理解し合うだけでなく、自分も他者も知らない新たな自分に気付くことができるのです。

　菊池学級の子どもたちは、質問タイム（ミニライフヒストリー）を通して、自己開示することで、自分の新たな一面に気付くことができ、そのことが自己の成長へとつながっていくことを経験しているのでしょう。だからこそ、セミナーという公の場においても大人顔負けの自己紹介ができたのではないでしょうか。自分のことをありのままに語ることのかっこよさを、菊池学級の子どもたちから改めて学びました。

　　　　　　　　　　　　　　　　菊池道場博多支部　古賀太一朗

DISC 2

第2章　DVDで観る菊池学級の成長の事実　解説
2-2 対話で大切なもの（①子ども ②参加者）

DISC-2　chapter2　本誌 P.167 ～ 184

> **視聴のポイント**
>
> (1)「素直な人は成長する人です」
> (2) 向上心の変容
> (3) アイコンタクト
> (4) 批判的思考力（クリティカルシンキング）、質問力、内省力
> (5) 話し合いに臨む姿勢
> (6) 学びの価値を知っている子ども
> (7) 聞くことと話し合うことの大切さを知っている子ども

(1)「素直な人は成長する人です」場面（DISC-2　0:16:31）

> 内川：もしあの潔く変わったとして、その時にポジティブじゃなくてネガティブだったら、負けた負けたってなって、ずっとそれを思い残してしまうことになってしまうので、それだったら変わった後もろくな意見もそればっかり考えてしまってつくれないと思うんですよ。

○「素直な人は成長する人です」

　大人でも、つくり上げた考えを変えるという行為に抵抗を感じる人は多いのではないでしょうか。そう考えると「潔く考えを変えられる」ということに価値を見出すことができます。「潔く」の部分には、「考えの変容を素直に受け入れなさい」という内川君の深い意味が込められているのでしょう。このような考えに辿り着くためには「素直な人は成長する人です」という菊池先生の教えがなくては難しかったでしょう。考え

が変わったのであれば、後腐れなく新しい意見を素直に取り入れ、気持ちよく関係を調整することが話し合いを行う上で大切であることを語ってくれているのです。

　極端に自分の考えに固執し、周りの考えを受け入れられない子どもを見かけます。これは話し合いの経験が乏しく、何のために話し合いを行うのか意味を理解していないからでしょう。話し合いには、互いの考えを建設的にぶつけ合い、折り合うことができるようにする力が必要になります。そのような力が育っていない子どもたちがいるからこそ、話し合いのある授業を仕組む必要性が高まっているのです。

　これまでの授業では、教師が「教えること」を中心とした授業が一般的でした。大量生産・大量消費時代において効率的に一定のレベルの知識技能を一人の教師が集団に一斉に伝達することが求められていたからこそ、「教えること」が必要な時代だったのです。これからは、個に応じたものを創り出す時代になっていきます。さらに、異文化を受け入れ、違いを認め合い協調しながら生きていくことが必要な時代になっていきます。このような時代だからこそ、「白熱した話し合い」を行う力が求められているのです。いつまでも、自分の強い固定観念にとらわれ、変容させることができないのであれば生きづらくなっていくでしょう。話し合いにおいて、ぶつかり合いを生み出すのではなく、新しい考えや共に歩む道筋を見つけられるようになることがどれだけ幸せなことか菊池学級の子どもたちは感覚的に理解しているのです。

　内川君には、物事に固執しすぎたことでの失敗があったのでしょう。そのような経験があったからこそ、菊池学級での話し合いの経験を通して、自分の過ちに気付き、改善し、成長し、他者の考えの変容の素晴らしさに気付くことができるようになったのです。

○ポジティブ思考

　内川君は、「考えを変える」ことをマイナスにとらえるのではなく、プラス思考でとらえる必要性を語っています。自分の考えを容易に「変

える」のではなく、「こだわる」ことも時には必要でしょう。しかし、群れではなく、社会の集団として生きていくためには、「考えを変えなければいけない」という場面は、生活のなかに多々あります。その時に「自分の考えを変える」ことを否定的にとらえるのではなく、話し合ったからこそ「変える」ことに行き着いた成果としてポジティブにとらえることの大切さを語ってくれています。

人は変化することで成長します。そう考えると、考えを「変える」「変えられる」ということは自分の成長として見取ることができます。内川君の背景を含んだ語りからは、社会を生きる人として、大切なことを伝えてくれています。

(2) 向上心の変容　　場面（DISC-2　0:09:49）

> 中村：私は、ものとかそういうものじゃないんですけど、私は「自分よりレベルが上の人」にしました。話し合いの時にも自分は成長したいから、その時に「自分より上の人」を見つけて、その人と話すと、その人の知恵が私に入ってくるし、私の個人的なものもその人に入るから、二人とも伸びると思うので、あえて、私は「自分より上の人」を選ぶかなーと思いました。

○向上心の変容

「自分よりレベルが高い人と会話をすることで成長できる」と考える小学生がどれだけいるでしょうか。自分よりレベルが高い人と話し合いをするということは、それだけ自分を追い込むことにもつながります。レベルが高いわけですから、その人との話し合いが成り立たない可能性もあるでしょう。その中で失敗したり、迷惑をかけるかもしれないという不安が心に生まれてくることも当然です。しかし、中村さんはその不安に屈することなく、自分を高めたいという気持ちが言葉と表情に表れています。菊池学級で築いてきたであろう「私は対話が上手である」とい

うようなプライドもみえません。では、もとから中村さんはこのように自分を高めたいという強い向上心の持ち主だったのでしょうか。

そうではないでしょう。それは他のセミナーに参加した中村さんの言葉から分かります。「4年生までは、成長とかそういう考えはなかった」と話しています。5年生になり菊池学級の一員になって、「成長したい」「変わりたい」という向上心が少しずつ芽生えていったのです。それは「話し合いのときにも自分は成長したい」と語っている言葉からもよく分かります。「～ときにも」という言葉には、それ以外でも成長したいという気持ちが込められています。様々な場面で成長したいという欲求があふれているのです。

○メタ認知

中村さんは4年生のときの自分と現在の自分を比較して考えを語っています。また、自分を自分で振り返ることもできています。この姿からメタ認知の力が育っていることが分かります。メタ認知とは、自分の行動、考え、性格などを別の立場から見て認識することです。菊池学級では「成長ノート」というもの活用して、自分自身を振り返ったり、見つめなおしたりする機会を多くつくり、このメタ認知の力を育んでいます。事実、私の学級でも自分の考えを書く機会を多く設けることで、メタ認知できる子どもたちが育ってきています。このように、成長ノートなどで育んだメタ認知力を用いて中村さんは、自分自身を深く読み取り、自分をさらに高めるための方策を話し合いに求めているのです。

「自分を振り返り、自分で自分を改善しようとするメタ認知力」は簡単には育ちません。まずは、その重要性に気付かせることが教師には必要です。そのためにも、まず能動的な授業の機会を多くデザインし、「教え込まれる」授業ではなく、対話のある「考える授業」を行っていくことが必要です。行動したあとに振り返りを書く時間をできるだけ多くもつことがメタ認知力を上げ、自分で自分を高める能動的な子ども育てることにつながるのです。

(3) アイコンタクト　場面（DISC-2　0:13:46）

> 魚住：私も、ちょっと村上さんとほぼ一緒なんですけど、「アイコンタクト」にしました。理由は、えっとなんか、だいたい表情とかを見たら、話してる時に相手が面白そうにしているとかつまんなそうにしているとか、そういう話題、もし話す話題があったとしても、相手がしゃべっていて楽しいか楽しくないかが大事になると思うので、えっと、それを判断するために、目とかを見て、見ることが大事なんじゃないかなと思いました。

○経験から学ぶアイコンタクトの重要性

　一般の小学生がどれだけアイコンタクトを意識して話し合いを行っているでしょうか。アイコンタクトを意識している魚住さんの言葉から、相手を大切にしようとする相手軸に立った優しさを感じることができます。魚住さんは、「話し合いを建設的に進めるためには、相手がどんな感情なのかを相手の目を通して知ることが有効である」ということを日常の話し合いから経験的に理解しているのでしょう。経験から理解できるほど多くの白熱した話し合いを行ってきているのでしょう。これまでの先生の話を一方的に聞くだけの授業では、友達とアイコンタクトを通して感情を読み合うようなことはできません。菊池学級での話し合う回数の多さが魚住さんのようなアイコンタクトを重視できる子どもを育てることにつながっているのです。

○感情を読み合うアイコンタクト

　アイコンタクトは、人と人を線で紡ぐものです。線の上に言葉を置いて相手に送ります。その線には言葉だけでなく心も置かなくてはいけません。言葉と心を送る線の役目としてアイコンタクトがあるのであれば、アイコンタクトができなければ言葉とともに心が相手に伝わったとは言えないのです。それは、複数の人と話をするときによく感じることができます。複数の人がいるにも関わらず、一部の人にしかアイコンタクトを送らない人との会話を、人は楽しいとは思わないでしょう。全体を見渡しながら平等にアイコンタクトを送れる人からは、全ての人を大切にしようとする気持ちが伝わります。そのため、その空間にいる人全員が会話を楽しむことができます。魚住さんは目を合わせることで感情を読み合い、互いに気持ちの良いコミュニケーションをとることの必要性を伝えようとしているのです。

　このようなアイコンタクトの能力は何もせずとも経験的に身に付くこともあるでしょう。しかし、仲間・空間・時間がないと言われている日本の子どもたちは良質なコミュニケーションを学ぶ場を失っているのです。既に、コミュニケーション能力を意識的に育まなければ、昔のよう

に自然に成長する環境がないのです。だからこそ、魚住さんのようにコミュニケーション能力を小学生から鍛え、意識して良質なコミュニケーション、会話のできる人を育てる白熱した話し合いのある授業が必要なのです。

(4) 批判的思考力（クリティカルシンキング、質問力、内省力） 場面 (DISC-2　0:15:33)

> 曾根﨑：私は、「『なぜ？』思考」にしました。（中略）たとえば、さっきのうさぎを例えたら、なぜ自分はうさぎなのか？うさぎみたいに飛び跳ねているから、なぜ飛び跳ねることができるのか？気持ちが明るいから。なぜ明るいのか？とか、そうやってずーっと続いていったら、自分のことも分かっていくと思うから、話し合いをするには、なぜ思考をして、言っていることが深くなるように考えたらいいと思いました！

①批判的思考力（クリティカルシンキング）

　曾根﨑さんの言う「『なぜ』思考」は、批判的思考力につながる点が多くあります。批判的思考力とは、様々な情報に対して、批判的に思考をはたらかせて分析する習慣のことを指します。自らの発言（情報）に対して「なぜ？」と問い続けることで、批判的思考力を高めていることが曾根﨑さんの姿からよく分かります。

　対して批判的思考力が欠如した状態は、あらゆる情報を無批判に受け入れている状態です。自らをうさぎに例えていること（情報）に何の疑問を抱かず、考えもしない状態であれば、「私は、うさぎです。理由は特になくて何となく」というような会話になってしまいます。これは、受け身的な授業で育つ子どもの姿でしょう。考える機会を与えられずに成長したために、自分で考えることを億劫に思う子どもたちが育ってし

まうのです。情報があふれる昨今の時代において、得た情報に対して何の疑いもせず、考えたことに根拠をもつことができなければ、一方的な情報に左右され、適切な判断ができない状態に陥ってしまいます。極端に言えば犯罪に巻き込まれたり、いつの間にか加担してしまったりと、自分の気付かない部分で人を傷付け、傷付けられるという状況にさえなってしまうのです。

　批判的思考力は、情報や他人の結論を「ただ否定する」だけの発言を言っているのではありません。結論を支える根拠に対して、「本当にそうなのだろうか？」と疑問を投げかけ、最終的には自分の頭で判断する習慣のことを言っているのです。「インターネットに出ているこの情報は本当なのか？」、「自分の考えは適切な考えなのか？」と、無意識的かつ批判的に考える習慣をもつことが自分の未来を切り拓く一助になるのです。曾根﨑さんの「そうやってずーっと続いていったら」という部分から、自分の答えを批判的に見続けることで自分が成長することができるのだという考えを読み取ることができます。この批判的思考力においても菊池学級の日々の生活の中で育っていったのです。

②質問力

　また、質問力という視点で読み解いていくこともできます。白熱した話し合いをするには、互いに質問しなければ終わってしまいます。その話し合いを終わらせずに白熱したものに変化させていくには高い質問能力が必要になります。質問するには「『なぜ』思考」は必要不可欠なのです。その部分に気付くことができた曾根﨑さんの中にはディベート経験が深く関わっているのでしょう。菊池学級ではディベートを活用し、論を立てる方法を学んだり、その論に対する質問の仕方を練習したりしています。そういった菊池学級での経験を通して白熱した話し合いには「なぜ？」と問う、質問力が大切であると実感し成長したのです。

③内省

　さらに内省する力にも着目してみます。内省とは、「自分の考えや行動を深く振り返ること」です。「『なぜ』」をずっと続けていると、自分のことも分かっていくと思うから」という曾根﨑さんの言葉に、菊池学級の子どもたちの内省力の高まりを感じることができます。「自分のこと」を理解することが成長につながることを感覚的に学んできているのです。これには成長ノートが大きく関わっています。自分の考えや行動を文章に書き、振り返ることで自分自身の考えが変わり、それが行動の変化につながります。それが繰り返されることで、菊池先生やみんなからのほめ言葉をもらうことにつながる。このようなプラスの内省サイクルが菊池学級にできあがっているのです。自分のプラスの変化を自他ともに認めることができれば大きな成長につながることは間違いないでしょう。

　昔から言い伝えられている次のような言葉があります。

> 思考に気をつけなさい、それはいつか言葉になるから。
> 言葉に気をつけなさい、それはいつか行動になるから。
> 行動に気をつけなさい、それはいつか習慣になるから。
> 習慣に気をつけなさい、それはいつか性格になるから。
> 性格に気をつけなさい、それはいつか運命になるから。

　これは、ブッダの言葉、あるいはガンジーの言葉などと言われているようです。いずれにしても、よい思考をすればよい言葉につながり、行動につながり、そして運命につながると解釈できます。このように、自分を内省し、考えをプラスにしていくことで曾根﨑さんは大きく成長していったのです。

(5) 話し合いに臨む姿勢　場面（DISC-2　0:24:27）

> 内川：さきほど、「アンテナを張る」ってあったんですけど、その
> アンテナを張るっていうのは、例えば何についてアンテナを
> 張るのが一番大切だと思いますか？

①口火を切る
　一番に質問をするという姿から「口火を切る（一番に発言すること）」ことに価値を見出していることが分かります。大人でも周りの反応をうかがってから発言するということがあるでしょう。一番に発表することで周りをプラスの方向へ動かそうとする内川君のプラス思考も読み取ることができます。

②人と意見を区別する
「質問をする」という行為には、「もっと多くを知ることで高みに行きたい！」という心が隠されています。内川君は大人だからといって臆することなく、堂々と質問をしています。これは「人」である大人と子どもを区別することなく、まさに「人と意見を区別する」ということを経験として学んできているからこそできる姿なのです。

③質問力
「何に」というような質問が大人にできるということは、質問について訓練しているからです。菊池学級では、毎朝「質問タイム」を行っています。その中で、「質問」の質を上げる練習を常に行っているからこそ、この公の場でも質問できたのです。

④傾聴
「アンテナを張る」という文脈の中に主語がないことに瞬時に気付く「聴く力」の高さも伺えます。多くの発言がある中で、その部分をしっかり聴き取るということは容易ではありません。それだけ日常に聴くことを意識した菊池実践があったからこそ、ここまで成長しているのです。

⑤安心感
　内川君の日常の中に安心できる仲間がいる学級空間があるのでしょう。その安心できる学級空間で自分の意見を述べてもみんなが受け止めてくれるという経験が豊富なのでしょう。だからこそ、この公の場においても、仲間がいるから自分の考えを堂々と言えるのです。安心できる仲間がいる学級づくりは、人を育てる上でとても大切なことなのです。

(6) 学びの価値を知っている子ども　場面（DISC-2　0:27:10）

元山　　：なんて言ってくださいましたっけ？ちょっと緊張して忘れたんですけど…。なんて言いましたっけ？アンテナを張るって言った時…。

参加者：「方向性」？

元山　　：あ！そう。「方向性」！あの、メモを取らないと、この人はこうやって言っているからっていうことも考えられないと思うし、えっとー、言ってくださった…。

菊池　　：うどん県の方？

元山　　：はい。うどん県の。なんて言ってくださいましたっけ？

参加者：広いアンテナ？

元山　　：はい。広いアンテナ。ということで、いろいろなことが見えると思うんですよ。メモを取ると。その「方向」も「広い」とこにも視野を広げるっていうこともできないと思うので、「そもそも」が確かめられる「メモを取ること」が「アンテナを張る」ことにはとてもいいのではないかなと思いました。

①学びの価値を知っている子どもの姿
　この元山さんの言葉は、学びの価値を知っているからこそ出てきた言葉です。「追究したい」という欲がでてこなければ、もう一度大人の参

加者に尋ねるという行為には至りません。学ぶことで自分を高めることができたということを経験的に学んでいるからこそできる発言です。

②「メモを取る」ことは相手の考えを大切にし、自分の思考を整理すること

「メモを取ることがアンテナを張ることにはとてもいいのではないか」という言葉にはどのような意図があるのでしょうか。

　メモにも様々な取り方があります。簡潔に述べると２点に分けられます。一つ目に、言われたことを記録するためだけに使うメモです。これは、日時や場所を記録し、考えることを伴わないメモになります。二つ目に、相手の話を理解し自分なりに整理するメモです。これは、考えることを伴い、自分の思考整理に役立ちます。元山さんは後者のメモのことを述べています。メモを取るためには、「１．相手の話を聴く　２．話の内容を理解する　３．話の内容を理解したうえで短い文章にまとめる」という高度な技術が必要になります。このようなメモを取っている姿を映像の中で見ることができます。元山さんはメモを取ることで、相手の性格や考えに気付くことができる経験をしてきたのです。また、相手の考えを自分の考えと比較したり、相手の考えから自分の考えを強化したりという経験を積み重ねてきたのです。だからこそ、元山さんは、「アンテナを張る＝相手の考えをよく聞き、理解しようとする」ととらえ、そこにメモが有効であると述べているのです。

　では、元山さんのような子どもをどのようにして育ててきたのかとい

うことです。それは「対話で子どもを育てる」という菊池学級で大切にしている目標と結び付けることができます。ディベートや学び合い、対話の多い授業を通して、メモを取ることのメリットに気付かせ、価値付け、意味付けを日々行っているのです。人の行為を習慣にするためには、『過去の「行為×回数」』が必要です。メモを取るという行為をセミナーの場で行うことができるという姿は、学校という日常からメモを取る行為を多く積み重ねてきているからです。メモを取る量に裏打ちされた自信と菊池先生のメモを取ることが成長につながるという価値付け、自分が伸びたという事実の経験から、元山さんはメモを取ることが相手を尊重し、相手を大切にすることにつながるという確かな学びを得ているのです。

(7) 聞くことと話し合うことの大切さを知っている子ども　場面 (DISC-2　0:26:21)

> 魚住：えっと、私は、みんなの考え方っていうか、考えていることとか思っていることとかに、アンテナを張るべきだと思います。じゃないと、反論もできないし、共感もできないし、相手を受け入れようとすることもできないじゃないですか。そういう姿勢があっても。だから、そういうところにアンテナを張るべきだと思いました。

担任を制してでも、大人を止めてでも、自分の考えをみんなに伝えたいという子どもが皆さんの学級では育っているでしょうか。従来の教育では、一方的に教師が話し、許可がなければ会話や発言は禁止されるという場が多かったのではないでしょうか。魚住さんのように「自分の考えを伝えたい！」という能動的な子どもを育てるためには、自分の考えを堂々と述べることを認める学級風土と多くの話し合いの経験が必要になります。公の場で、自分を主張できる魚住さんのような「人」を育て

ることがこれからの社会では求められているのです。

　魚住さんは、「相手の考えや思いにアンテナを張らなければ『反論も、共感も、受け入れることも』できない」と言っています。これは話し合いの前提に「相手軸に立ち傾聴を大切にする」ことが必要であることを伝えようとしているのです。

　逆に考えれば、傾聴せずに反論、共感することは相手に失礼なことだともとらえられます。では「相手軸に立ち傾聴する心」を身に付けるためには、どうしたらよいのでしょうか。菊池実践では、ほめ言葉のシャワーでその心を育てようとしています。みんなが伝えてくれる自分に向けられるほめ言葉にはきちんと傾聴する心が見られます。また、相手軸に立っている姿が多く見られるように成長していきます。このような姿を価値付けていくことで「相手軸に立ち傾聴する心」が少しずつ育まれていくのです。

■まとめ（価値ある言葉を身につけた子どもたちの高まり）

- 中村さん「自分より上の人から学ぶ」
- 元山さん「WIN − WIN − WIN」
  　　　　　「Eye to Eye」
  　　　　　「今していることに集中する」
- 佐竹さん「自信」
- 村上さん「相手の目を見る」
- 魚住君「アイコンタクト」
- 岡田くん「共通の話題をもつ」
- 武内さん「理解力」
- 曾根﨑さん「なぜ？思考」
- 内川君「ポジティブな心」
- 鶴君「自分」「相手」「みんな」＝ WIN − WIN − WIN
- 杉森君「人と意見を区別する」

考えを明確にできる言葉をもっているということは、言葉の大切さを理解しているからです。考えを価値付ける言葉に意味を見出し、それぞれの考えに合う言葉を取捨選択できる場を設定している菊池先生のすばらしさも垣間見えます。

　言葉の背景を読み解いていくと、子どもたちの意識に「相手軸」が必ず入っています。これは、相手がいてこそ対話が成り立ち、そして「集団の中でこそ個が育つ」という言葉が一人ひとりに根付いているからでしょう。鶴君が選んだ「WIN（自分）－ WIN（相手）－ WIN（みんな）」という言葉がその事実を語っています。

　自分も、相手も、みんなも大切にすることがみんなの成長につながり、自分の成長につながる。これからの社会がそうあるべきであるということに感覚的に気付いている子どもたちの姿です。

菊池道場博多支部　内藤慎治

第2章　DVDで観る菊池学級の成長の事実　解説
2－3　対話で大切なもの（③交流）

DISC-2　chapter3　本誌 P.185〜208

視聴のポイント

（1）「一人も見捨てない」成長し続ける集団づくり
（2）立場の違いを認め合う
（3）過去と現在の自分を見つめ直す

（1）「一人も見捨てない」成長し続ける集団づくり　場面（DISC-2 0:41:57）

元山：だったら、その、ここに書いているんですけど、2・6・②から逃げないっていうのは、②っていうのは、ちょっと言っちゃ悪いんですけど、少し下の部分かな？っていう人。そういう人たちが、学校のルールっていうものを守れないっていうことを、私たちが変えさせてあげられる、あげたらいいんじゃないのかなって思ったんで、この人たちをいい意味で無視するってことをしないで、注意をしてあげたりして、「一人も見捨てず」に、みんなで Win-Win-Win の関係になって、成長できたらいいんじゃないのかなっていうのがあって、これを書きました。

「2・6・2」の法則に基づいて学級をとらえた場合、次のような割合で集団が構成されると見ることができます。

　まず、「上の2」は、学級という集団を意識し、成長し続けようと考え行動することができる子どもたちのことです。このような子どもたちが、全体の20％にあたると言われています。

次に、「中の6」は、集団への意識はあるが、周りの友達・雰囲気などに流されやすいというような子どもたちのことです。全体を占める割合が高く、この60％にあたる子どもたちに、集団としての高まりを意識させることが重要になるのです。
「下の2」は、集団に対する意識が弱く、集団を意識した行動をとることが難しい、また、友達の行動や考えに興味・関心がもてない子どもたちのことのです。
　元山さんが、うろたえない姿勢で堂々と語る言葉の一つひとつに、菊池学級で成長した彼女自身の事実が語られています。彼女自身、4年生まで、周りに関心がもてず、トラブルが絶えず、周りから見捨てられるような存在であったそうです。しかし、菊池学級での人とのかかわりを通して、自分を客観的にとらえ、「下の2」から「上の2」へと成長していったのでしょう。「2・6・②の②から逃げない」や「そういう人たちが、ルールを守れないっていうことを、私たちが変えさせてあげられる、あげたらいいんじゃないのかな」と、彼女は言っています。（自分自身が気付いたことを本誌P.191下部以降で語っています。）
　哲学者・カントの言葉に「人は人によりてのみ人となり得べし（人は人によって人になる）」という言葉があります。元山さんの成長に、「人との出会い」と「人とのかかわり」が大きく影響したことは言うまでもありません。菊池先生や友達との対話を通して、自分自身の内面を見つめ直すことができたのでしょう。また、彼女自身が人との出会いを通して、「自分のため、家族のため、さらには社会のためにどんなことが大切か」を考え続け、実行してきたからこそ、人間としての成長ができたのです。自分ができることをどんどん試していく。試すことで、できることがさらに増えていく。彼女は自分自身の成長に対する喜びを実感することができたのでしょう。だからこそ、「一人も見捨てない」のです。「自分にも変わることができたのだから、必ずあなたも変わることができる」と信じ、誰かのために自分ができることに対しての責任を果たそうと尽力するのです。豊富な語彙と、内側から考えを生み出す姿から、彼女の

「一人も見捨てない」という強い信念が伝わってきます。

（2）立場の違いを認め合う　　場面（DISC-2　0：55：22）

> 魚住：えっと、元山さんみたいに、リーダーシップを取ることは、私もすごいいいと思うんですよ。でも、でも、あの…、「金魚のフンになっている人」は、自分が「金魚のフンになっている」ということを、気付ける人もいるし、気付けない人もいるじゃないですか。だから、「自分は2・6・2にしても、私は2じゃなくてせいぜい6くらいだろう」って思っている人もいるんですよ。でも、みんなが、ほんとうに「かわいそうじゃない？」って注意するのは、みんな注意するじゃないですか。そしたら、ちょっと注意されるけど、私は別に普通じゃんとか、そういうふうに思って、自分が金魚のフンとか2であることに、その下の方の2であることに気付かないことがあると思うので、あえてもう、一度、「もうあなた、私たちもう…離れたらやってあげられることもないし、今あなたが変わらないんだったら、もう私たちは何もすることができないよ」っていうのを示す必要があると思うんですけど、そこについては…。

○あえて無視をすることの必要性

　魚住さんは、下の2にあたる子に対して、「あえて無視する」ということが、場合によっては必要ではないかと主張しています。目の前の子どもたちを見たときに、「誰かがやってくれるから、自分はしなくても大丈夫だ」という見方をする子どもが、少なからず存在します。何か困ったり、できないことがあったりすれば、「上の2」と言われる子どもたちが、集団の成長を考えて惜しみなく支援する姿があります。それが、結果として、「誰かがきっと自分のことを助けてくれる」といった他力

本願な考えをもたせてしまう、つまり、甘えを生んでしまい、その人の成長を阻害するという魚住さんの考えなのでしょう。

おそらく、魚住さんは、5年生までの自分の経験をもとに発言しているのだと思います。その中で、他人の成長を願ってしたことで、実は相手の内面に変化がなければ、自分の善意がその人の成長につながらないという無念さを感じたことがあったのかもしれません。だから、いい意味であえて無視をすることで、下の2にあたる子にあなたが変わらなければいけないのだと、当事者意識をもたせたいのだと分かります。ここには、冷たさや厳しさではなく、魚住さんの優しさや相手を思いやる気持ちや「一緒に成長しよう」という願いが込められているのです。

○「2・6・2から逃げない」こそ「一人も見捨てない」

> 元山：えっと、2回目の質問と少しつなげるんですけど、元からもっている性質？みたいなことを魚住さん言ってたじゃないですか？そういうのは自分でも分からないと思うし、私からしたら魚住さんとか、内川君とか、6－1全員、あ、学校全体。ほんと全員が、そういう質をもっていると思うんですよ。でも自分はあるっていうのは気付けないから、例えば魚住さんが私に、あの、質があるって思ってくれるのは嬉しいんですけど、自分で自分が質があるっていうのは、私は別に、それは自己開示とか関係なく気付けないんですよね。だから、みんな質があると思うんですよ。本当に。そういうのは関係ないと思うし、うん…。思います。

一方で、「いい意味で無視をすることはよくないのではないか」と、元山さんは主張しています。彼女は、自分が「下の2」に属している頃、周りから見捨てられるということに、大変悲しい思いをしたのです。5年生になり、菊池学級で成長する周りの姿に感化された結果、今の元

山さんがあるのです。彼女にとって、周りの人とのかかわりや支えがあったからこそ、自分や他の「下の２」に属する人が気付き、成長があったことを実感しているのです。だから、「一人も見捨てない」という考えにたどり着いたのでしょう。元山さんは、学級のみんなを自ら考え行動できる集団へ引っ張り上げることが、自分の責任だと言いきっています。「自分にも変わることができたのだ。だから、あなたも成長できるのだ」と相手の可能性を信じ、温かく手を差し伸べようとする元山さんの思いやりが、言葉の節々から感じられます。

○考え方が違えど目指すところは同じ

　魚住さんと元山さんの２人の対話から、次の２点について読み取ることができます。

① 相手を認めているからこそ、白熱できる
② 考え方が違うからこそ、正対して対話ができる

　目の前の多くの子どもたちに見られる姿として、互いに良いところを認め合おうとしない傾向にあると言えます。要因の一つとして、子どもたちは、どうしても「マイナスのストローク」で相手の欠点が目についてしまうということです。また、「相手に嫌われないだろうか。傷付けないだろうか」などと、不安が先に立ってしまいがちになります。その結果、他の人とのコミュニケーションを上辺だけで済ませてしまいがちになっているのです。

　菊池学級では、日頃から「質問タイム」と「ほめ言葉のシャワー」を行っています。元山さんの言葉の中に、

> 「相手を好きになれる」っていうのは、ほめ言葉のシャワーとか質問タイムって、質問タイムは、相手の未知の部分があるじゃないですか。それを見つけ出せるから、相手のことを好きになれるし、あ、この人ってこういうことなんだなーっていうことが分かって、とても楽しい気持ちになると思うんですよ。実際私も質問タイムをして

> ていつも楽しいし、あ、こういうので会話が弾みそうだなっていうことも思うので、相手を好きになれるってことが大切…。

とあります。相手の未知の部分を見つけることで、「相手のことを知る」。相手のことを理解して、「とても楽しい気持ちになる」。そして、「相手を好きになる」という「美点凝視」。つまり、「プラスのストローク」だからこそ人と正対して接することができるのです。その結果として、対話の中にも相手を認める姿勢が生まれるのです。2人のように、自分の考えをぶつけ合いながら対話する姿に驚くかもしれません。しかし、その土台にあるのは、相手に対する「信頼」と「承認」です。

2人の目指す先には、学級が集団としてのまとまりをもち、互いに高まり合い続ける集団になることでしょう。考え方が違う個が集い、それぞれの良さを出しながら成長し続ける。その喜びを感じてきた2人だから、互いに本音をぶつけ合う白熱する対話ができるのです。

(3) 過去と現在の自分を見つめ直す 場面（DISC-2　1:07:03）

> 村上：私のきっかけは、自分がどれだけ下か分かったことです。えっと、最初にこの成長曲線を描いてるうちに、その先生が、相手も自分もみんなも大好きにならなきゃSAに行けない、なれないっていうことを言ってくれたんですよ。それで、そん

> なことも私は分かんなかったんですよ。その時は何を言っているのかっていうのは。でも、その時に、自分がどれだけ下で、その、なんか、みんなみたいに成長したっていうことをはっきりと証明できていないんですよ、私は…。だからその、これからその成長曲線も見て、自分の目標をもつことがまず一番大事だから、そんな私が、私の目標は、素直なＡのバケツになって、なんでも受け入れるっていう、その目標なので、その目標をまず立てたのが、きっかけです。（拍手）

　誰か人に、「このあたりで、自分が変わったなというきっかけはありますか」と問われた時、明確に自分が変わったと言うことができる小学生は、どれだけいるのでしょうか。

　菊池学級の子どもたちに共通しているところは、どの子も自分が変わったきっかけをはっきりと言いきることができるところです。では、なぜそれができるのでしょう。

　まず、「自分自身を俯瞰することができる」ということです。村上さんの場合、話の意味が分からない自分という存在が、全体の中でどの位置に属しているのか、客観的に分析しています。自分の課題点に目を向けることは、誰にとっても避けたいものかもしれません。しかし、村上さんは、自分の課題点と正対して、自分を成長させようと目標

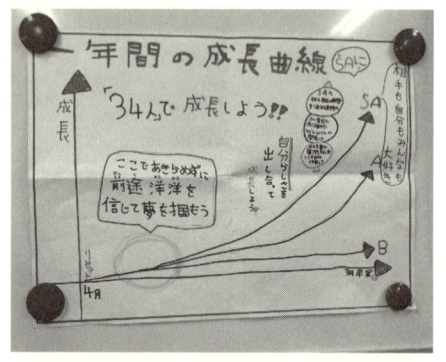

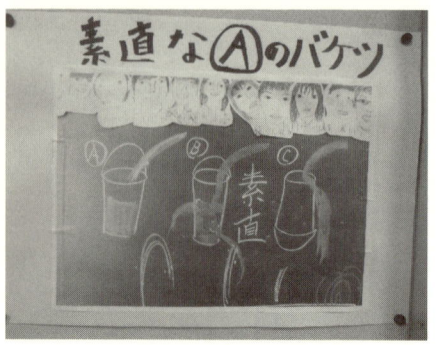

を立てることができたのです。それは、素直な心で自分を受け止めようとしたからできたのでしょう。

　次に、「考え方を変容させることができた」ということです。村上さんの場合、分からないことを分からないで済まさなかったというところです。成長曲線と自分を見比べ、何事も素直に受け止めようと考え方を変容させたことが、成長につながったのでしょう。内川君の場合は、何気なく観ていたテレビ番組に感化されたことで、物事に対してポジティブなとらえ方に転換しました。岡田君の場合は、「ミラーの法則」をきっかけに自分を変化させました。人それぞれに、ターニングポイントとなるできごとは違います。しかし、共通していることは、その瞬間を逃さずに自らの内面を素直に変容させていったということです。菊池学級の子どもたちは、成長をキーワードとして日頃から考え続けてきたからこそ、成長し続けることができたのでしょう。

　最後は、「価値語を成長につなげることができた」ということです。村上さんの場合は、「素直なＡのバケツを持つ」という価値語です。価値語をもつことによって、常に成長を意識することができるのです。武内さんの場合、発表できなかった自分を変えようと決意するきっかけに、「出席者から参加者になろう」という価値ある行動を意識するようになっています。価値語から実体験を通して、内側の変容を繰り返したから、価値ある姿への成長につながるのでしょう。

　このように、過去の自分と正対することができたから、明るい未来を見据えることができたのです。菊池学級の子どもたちは、そのきっかけを堂々と語っています。自分が変わることができたことに、喜びと自信をもつことができたのです。それは、自分の成長を温かく認めてくれる友達や菊池先生がいる安心感があったからです。

　目の前の子どもたちが、菊池学級の子どもたちのように、自らの成長のきっかけや夢について堂々と語ることができるようにするには、どうすればよいのでしょうか。私は、一人ひとりの違いを認め、個に寄り添

う視点をもつことではないかと考えます。菊池先生は、子どもたちの「極微の成長を喜ぶ」ことを大切にされているとうかがったことがあります。プラスのストロークで一人ひとりをとらえ、教師が小さなことでも成長をほめることが大切です。「みんな一緒」「こうあるべき」といった枠にはめこむようなやり方では、内川君や元山さんのもつ良さを引き出すことにはつながらないでしょう。子どもたちの成長に携わる者として、様々な視点をもち、子どもたちとかかわることができるようにしたいものです。だから、これまでの私たちの教育「観」・子ども「観」を変えていく必要があるのではないでしょうか。

　人は変化し続けることで成長できるのです。教師が考え続けることは、子どもたちが成長し続けることに直結しています。野口芳宏先生から以前いただいたお言葉に、「できることより変わること」というのがあります。「できる」ということよりも「変わる」ことができた方に大きな価値があるそうです。この言葉を胸に、子どもたちの成長のためにも、成長し変わり続ける一人の人間でありたいと考えます。

　　　　　　　　　　　　　　　　　　菊池道場兵庫支部　南山拓也

第2章　DVDで観る菊池学級の成長の事実　解説
２−４ グループ対話（①中村、元山 ②魚住、村上 ③内川、曾根﨑 ④岡田）

DISC-2　chapter4　　本誌 P.208 〜 222

視聴のポイント

（1）相手を知ることで好きになる
（2）教室は安心できる場所である
（3）一斉指導から個の変容を重視した指導へ

（1）相手を知ることで好きになる　場面　（DISC-2　1:28:45）

中村：私は、まず教室の一人ひとりがみんなを好きか嫌いかっていうのがあるじゃないですか。この人好かん！とかこの人好き！とか、あるじゃないですか？で、私ももちろん人間だから、この人ほんとは、好きやないなーっていうのがあったんですけど、でも、もしその人を嫌いってなっても、意味ないじゃないですか、何も進まないじゃないですか、物事とか。自分がやることも行動とかも制限されるじゃないですか。だから、その人のことを、その人にも個人があるから、その人を分かって、好きになろう、っていうのが、ありました。だから、なんていうんだろうな、嫌いって思うんじゃなくて、強制的にこの人は好きだよって思い込ませるんですよ。そしたら、自然にその人を分かっていって、説明書じゃないですけど、取扱書じゃないですけど、相手に対する対応の仕方っていうのがどんどん自分にまじわってきて、はい、きます。だから、それで教室も和むし、みんなで取り組んでいくことがどんどんできるんじゃないかなーと私は思います。

出会いがあまり良くなかったり、相手の良いところをあまり知ろうとしなかったりして、クラスメイトに対して苦手意識をもっている子どもはいると思います。私のクラスでも、相手の良いところを見ようとせず、良くないところばかりを見て、つい注意ばかりをしてトラブルになってしまう児童がいました。

　しかし、中村さんの言うように、嫌いになっても意味がありませんし、クラスとしていろいろなことが進んでいきません。個人としても集団としても成長していくことはできないのです。

　菊池学級では、朝の会の中で「質問タイム」を行い、帰りの会の中で「ほめ言葉のシャワー」を行っていました。質問タイムとは、主人公の児童に対してクラス全員が関連した質問をするというものです。これによって、相手のことを深く知ることができます。そして、いつもとは違う視点で主人公の1日の様子を見て、主人公の良いところをほめ言葉のシャワーで伝えていきます。

　このような指導を続けたからこそ、中村さんの言うように、その人にも個人があり、その人のことを分かって、好きになっていったのではないでしょうか。より良い集団を作っていくためには、まずは相手の良いところを知らなければなりません。そして、相手のことを好きになることが大切です。菊池学級の児童は、その土台の部分がしっかりできていたのではないかと思います。

(2) 教室は安心できる場所である　場面A　（DISC-2　1:27:56）

参加者：なんで、もっと知りたいとか、このクラスで頑張りたいとか、そういうふうに思えたんかな？

元山　：<u>「教室は家族だ」</u>っていう言葉が私は好きで。家族の中って素を見せられるじゃないですか？で、学校で表すと、教室の中だけで、例えばそれが学年全体なら学年に負担がかかるし、学校全体なら、今度は学校に迷惑がかかるじゃな

いですか。だけど教室は素を出して、例えばリーダーシップをしてさっきみたいに厳しさを言いすぎるっていうことは悪いっていうことにも気付けるし、えっと自分が悪いっていうところを素直に言ってくれるし、相手のいいところを自分が言っても、例えば上から目線過ぎるとか、そういうちょっとした話題とかがなくなると思うんですよね。だから、教室っていうこと自体が大切だと思いました。素直に行動できるから。

多くの教室では、なかなか自分を出せない、つまり自己開示ができていない子どもたちがいることと思います。「これを言ったら嫌われてしまうのではないか」、「これを言ったら相手が傷ついてしまうのではないか」、「もし言い返されたらどうしよう」などと不安を感じている子どもたちもたくさんいると思います。授業中においても、特定の児童しか発言をしていないという教室もあることでしょう。

しかし、元山さんは、どんなときでもきちんと自分の考えを伝えることができています。「一人も見捨てない」ということについて魚住さんと議論したときも、自分の軸はぶれずに意見を述べていました。元山さんだけでなく、菊池学級の児童全員が自分の軸をもっていて、自分の考えを述べることができています。

菊池学級では、学力の高い児童が絶対解を出していくような授業ではなく、納得解をみんなで考えていくような授業が多くあります。このような授業を進めていくにあたって、いろいろな考えが出たときに、その人自身を否定するのではなく、その考えに反論しているのだと思います。

また、クラス全体で納得解をつくっていく中で、違う考えの友達とのやりとりを楽しんでいるようにも感じます。だから、菊池学級の児童は自己開示ができていて、全員が安心して自分の考えをきちんと相手に伝えることができているのだと思います。

このような指導を通して、元山さんが言うように、教室は素を出すことができて、素直に行動できる場所になるのだと思います。また、「教室は家族だ」という言葉のように、何でも言い合えるような関係を築くことができるようになるのでしょう。違う考えをいい意味でたたかわせながら、クラスみんなで考えていき、安心して発言できる場をつくっていきたいものです。そして、子どもたちの口から「教室は家族だ」という言葉が出るような場所にしていきたいものです。

(2) 教室は安心できる場所である　場面B（DISC-2　1:46:44）

参加者：一言ずつ。あなたにとって学校とはどんなところですか？
内川　：学校とは、もうあの、親戚が集まるような場所ですね。あの、あるいは、家かなんか。
参加者：ああ…安心感がある。
曾根﨑：私は、個性を伸ばすところだと思います。さっきも言ったように、その、個性があって、「一体感」が生まれるみたいな感じです。
内川　：それか、あのーなんていうんですかね…。あの、ただの、「鉄筋コンクリートの建物」に対してのような気持ちがしないような。もうその建物自体が、仲間だったり。そういう感じがします。生きてたりっていうか…。

教室内では、それぞれの個性が認められていて、それを発揮する場があるでしょうか。ルールばかりで子どもの考えや行動を縛ってしまってはいないでしょうか。一見きちんとしているように見えても、なかなか

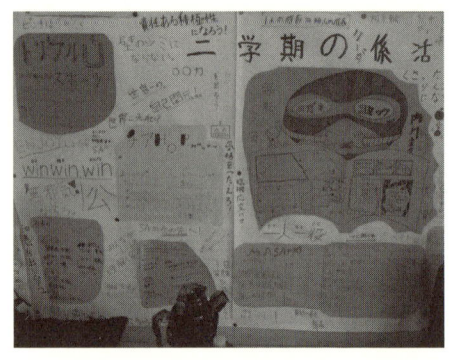

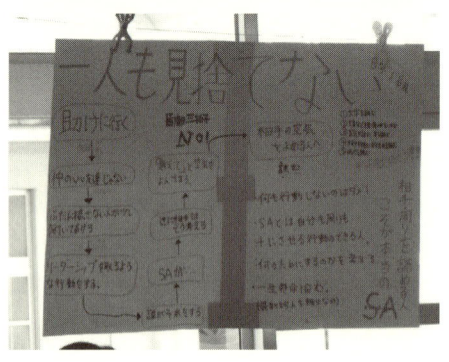

子どもたちが自分で考えて動けなかったり、自主的な活動がなかったりするような教室もあるのではないかと思います。
　しかし、内川君は親戚が集まるような場所だと感じていますし、曾根﨑さんは個性を伸ばすところだと感じています。教室は安心できる場所だからこそ、このような言葉が出てくるのではないでしょうか。
　菊池学級では、係活動がとても活発に行われていました。これは、菊池先生が個性を発揮する場として認めているからだと思います。中には、私たちの教室ではあまり考えられないような係活動もあります。しかし、その係活動によって自分を出せる児童がいて、それを認める友達がいます。だから、安心して係活動に取り組むことができます。
　また、教室掲示についても菊池先生が作られたものよりも、子どもたちが作ったものが多くあります。これも、クラス全体として成長していくために必要な考え方などを子どもたち自身に考えさせ、それを認めているからだと思います。菊池学級の児童は安心して自分の考えをみんなに示し、それを共有して成長しています。
　このような指導によって、教室にいる先生や児童だけでなく掲示物や雰囲気など全てが安心できるものとなっているのではないでしょうか。内川君が言うように、建物自体が仲間だったり、教室自体が生きたものとなっているのだと思います。人も環境も含めて全てを子どもたちが安心できるような教室にしていくことが大切です。

(3) 一斉指導から個の変容を重視した指導へ　場面A　(DISC-2 1:38:07)

> 参加者：今までにいろいろな先生にもってもらったと思うんですけど、菊池先生のこういうところが、今の6年1組を作ってるんじゃないかっていうのを、ズバリ1つ。
> 村上　：えっと、ちょっとマイナスなことをしても、その、<u>先生はすべてプラスのことに変えて</u>、その、次からこうやって頑張ってこうとか、土台を、<u>その人の土台をちゃんとしてあげて</u>、その上の、積み重なってる部分も、先生は補強工事っていうかまぁそうやって強く、
> 参加者：叱るだけじゃなくて？
> 村上　：はい。<u>叱るだけじゃなくて、ほめて伸ばす</u>ってこともやってくれます。

　子どもたちがマイナスな行動をしたときに、あまり話も聞かず、すぐに叱ったりすることはないでしょうか。大声で叱って押さえつけるような指導をしたり、他のマイナスな行動までも引っ張り出してきたりする先生も見られます。このような指導では、子どもたちは受け入れることができず、同じようなマイナスの行動を繰り返してしまいます。または、反抗的な態度をとり、さらにマイナスな行動をしてしまいます。こうして雰囲気がどんどん悪くなり、他の子どもたちまでマイナスな行動に流されていくクラスをいくつも見てきました。

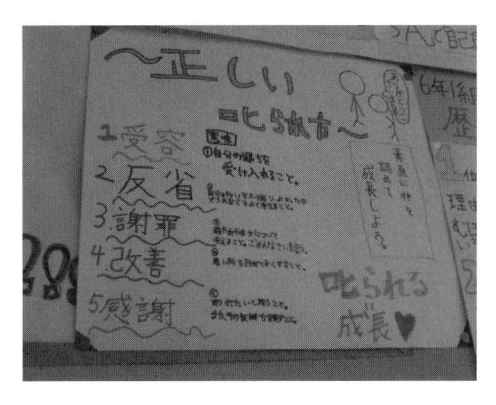

　菊池学級では、「正しい叱られ方」というものがありま

す。①受容、②反省、③謝罪、④改善、⑤感謝の5段階になっています。菊池先生は早い段階でこれを子どもたちに提示しています。そして、子どもたちもこれを念頭に置いて学校生活を送っています。だから、トラブルやマイナスな行動が起こっても、自分自身で受け入れ、改善していくことができます。

また、掲示物に書かれているように「叱られる＝成長」ということを子どもたちも先生も理解しています。菊池先生は、ただ叱るだけではなく、その児童の成長につながるような叱り方をされているのだと思います。

さらに、菊池先生は個人の変容をしっかりと見ています。クラス全体として見た時には他の児童よりできていなくても、個人として見た時に以前よりもできるようになっていれば、その成長をしっかりと認め、ほめているのだと思います。

このような指導があるからこそ、菊池先生はマイナスな行動をプラスに変えてくれて、成長するための土台をしっかりつくってくれ、叱るだけではなくほめて伸ばしてくれると、村上さんは感じているのではないでしょうか。クラス全体として見ていくことが必要なこともあると思いますが、個人の変容をしっかりと認めてほめ、個を成長させることで集団を成長させる指導をしていくことが大切です。

(3) 一斉指導から個の変容を重視した指導へ　場面B（DISC-2 1:42:38）

参加者：一番いいところ。
内川　：…なんだろ。一番がもう、一番があり過ぎて、ちょっと一番にまとめられないんですけど、もうあのー、とりあえず、大まかにいえば、個性的なところですね。
曾根﨑：うん！内川君みたいな、ポジティブな人もいれば、ネガティブな人もいて、えっと、面白い人もいれば静かな人とかも

いて、その、一人ひとりがいて、6の1ってなってるから、
　　　　そういう、一人ひとりを大切に、なんか個人の力を伸ばす
　　　　ところがいいところだと思います。
　内川：それに、あの、はっきり、あの、逆質問してしまうみたい
　　　　になっちゃうんですけど、あの、みんながみんな、勉強ば
　　　　かりで、ぴしーっとしていて、あの、何も個性とかもない
　　　　ような普通なクラスと、あのーちょっと下がり目の人もい
　　　　れば、上がり目の人もいて、いろいろな種類があるのだっ
　　　　たら、どっちの方がいいと思いますか？

　日本の多くの教室では、一斉指導型の授業が行われていると思います。研究授業などでは、きっちり指導案をつくり、その流れに沿って教師が導いて終わるような授業が多いと思います。私もグループ学習を取り入れたり、黒板を児童に開放したりして、児童が主体で授業が進むように意識していますが、そういった流れもやはり教師のほうでコントロールしている部分があります。

　菊池先生は、「教育観を変える」といつもおっしゃっています。知識や技能を習得するだけの授業ではなく、友達との話し合いを通して個人が変容し成長していくような授業をされています。知識や技能を習得したとしても、それを公の場で使いこなすことができなければ意味がありません。公の場でどう生きていくかというところまで考えて授業をされているのだと思います。

　菊池学級を見ていると、授業中に教室内のいろいろなところで同時に話し合いが起こります。中には、廊下に出て話し合いを始めたり、図書室に行って調べたりする児童もいます。多くの教室では、「教室内で話

をしなさい」や「今は図書室に行く時間ではありません」というような指導をされるのだと思います。しかし、菊池先生はその先の成長まで見通して、そういったことを認めています。だから、授業が終わって休憩時間に入っても、子どもたちは友達と話し合いを続けます。

　このような指導によって、曾根﨑さんの言うように、個人の力が伸びていくのだと思います。一斉指導ではなく、一人ひとりに焦点を当てた指導をしているから、個の変容が見られ、個人の力がどんどん伸びていくのではないでしょうか。また、内川君の「みんながみんな、勉強ばかりで、ぴしーっとしていて」というのはまさに一斉指導を表しています。そういった指導よりも、それぞれの個性が活かされるような指導のほうが良いと内川君も感じているのです。

　このことを６年１組の一番いいところに挙げているということは、やはり菊池学級には他の教室にはない指導があるからだと思います。一斉指導から個の変容を重視した指導へと変えていく時期が来たのかもしれません。

■まとめ

　グループ対話から分かることを、「児童同士の関係」と「教師と児童の関係」の２つの視点からまとめたいと思います。

　まず、「児童同士の関係」では、相手を知るところから始まります。その手段として、菊池学級では、質問タイムやほめ言葉のシャワーを行ってきました。相手の良いところを知り、それを理解し、好きになることが大切です。中村さんの「強制的にこの人は好きだよって思い込ませるんですよ」という言葉が印象的でした。また、菊池学級では、授業中によく討論を行ってきました。考え方の違う者同士で話し合うことを通して、新たな発見があったり、考え方が変わったりします。話し合うことによって自分も相手も成長することができると子どもたちも感じています。このような指導を通して、クラスの中に安心感が生まれると考えます。

クラスの中に安心感が生まれると、子どもたちはだんだん自己開示ができるようになります。そして、係活動などで個性を発揮していきます。その個性がクラスの中で認められることで、元山さんの「教室は家族だ」という言葉や内川君の「建物自体が仲間」という言葉のような感覚になると考えます。

　個性が伸びていくと、それに伴って集団としても成長していきます。このような集団の中では、「2：6：2の下の2を引き上げる」といったことや「一人も見捨てない」といったことが当たり前になっていきます。そして、友達の成長のために、あえて厳しいことを言うことができるようになります。厳しいことを言われた側も、「厳しさ＝優しさ」だと受け取り、自分自身を成長させようとします。菊池学級の児童は、このような「児童同士の関係」を築き、みんなで成長しているのだと考えます。

　次に、「教師と児童の関係」では、児童一人ひとりを大切にし、個の変容を見ていくというところから始まります。教師のものさしでクラス全員を同じように測り、その基準に達しない児童を叱るというような方法を菊池先生はとられません。マイナスな行動に対しても、そこから成長につながるようなプラスの指導をされています。そして、少しでもプラス方向に変容が見られると、そのことを認めて、しっかり価値付けを行っています。

　授業では、一斉指導型の授業ではなく、個の変容を重視した授業を行っています。単元が終了したときに、単に知識や技能が身に付いているかどうかというレベルではなく、話し合いを通してどのように考えが変わったか、どのように変容したかというところを目指しています。このような授業を行ってきたから、内川君のような言葉が言える児童が育っているのだと考えます。

　上記のような「児童同士の関係」と「教師と児童の関係」を築いてきたからこそ、グループ対話であれだけのことを話すことができる人間が育ったのではないでしょうか。日本の小学生の多くは、大人からの、し

かも教師からの質問にあそこまで答えることはできないと思います。堂々とあれだけのことを言えるというのは、１年間菊池学級で学んだことが自信となり、公に強くなっているという証拠だと考えます。そして、菊池先生の教育観が事実として表れているのではないでしょうか。

菊池道場広島支部　藤原有希

第3章

教育観を変える子どもの姿
DVDで観る 菊池学級の成長の事実

DISC 1

第3章　DVDで観る菊池学級の成長の事実　全文文字起こし
1－1　朝のミニ授業（①ホワイトボード　②質問に答える　③ホメホメじゃんけん　④「春」とは）

DISC-1 chapter1

菊池　　：えーっと、ホワイトボードの曾根﨑さんが、ぜひ、これだけはみなさんに伝えたいということがあるみたいなんですよ。みなさんの拍手があれば、発表できるかな。（拍手）はい！どうぞ！

曾根﨑　：おはようございます。（おはようございます！）曾根﨑です。じゃあホワイトボードの説明をしたいと思います。まずは、朝だから普通に「おはようございます」って書きました。で、菊池学級の生徒ですってのは、そのままです。で、私たちは、もう残り1週間と3日間か2日間で卒業…です。で、その、今日、非日常っていう場で学んだことを、残り1週間半でも少しの成長へと、えっとつなげられるように、がんばりたいです。えっとそれで、こういう非日常を、緊張とかするんじゃなくて、その逆で思い切り楽しんで、無茶ぶりに耐える自分、自信がもてるような自分をつくろうと思う。あっ…ということで、書きました！これで終わります。（拍手）

菊池　　：先生方の質問に答えたいでしょ？愛知県からみえられた先生おられるんで、ちょっとね！聞いてみましょうか。

参加者　：えっと、曾根﨑さんのホワイトボードをいろんなセミナーで見させていただきました。毎回すごく、えー、考えさせられるなぁと思っているんですけれども、非日常で、今日、どれだけの知り合いの人をつくりたいですか？

菊池　　：おぉいい質問ですねぇ。普通できないなぁ。

曾根﨑：えっと、全員は難しいと思うんですけど、えっと、自分が作れるできるだけ多くの人と知り合いになりたいと思います。（ずっとホワイトボードを手で掲げる杉森君）
参加者：ありがとうございます。（曾根﨑さんに拍手）
司会：まだ受けたりないですよねー質問。ねぇ？そうですよね。たぶん曾根﨑さん以外のみんなのもね、こうかなーと思ったら答えていいんだと思うんですよぉ。ええっと子どもがね、これだけ頑張ってるんだから、大人がたぶん手を挙げないわけはないなぁーなんてね。そうですよね。
参加者：おはようございます。山口県から来ました。えっと、Facebook などで菊池先生のページを見させていただいて、いろんな場面でみなさんの様子を知ることができました。でもまだ、知らないことがありまして、今日はどんな新しいことが知れるか楽しみにしてきました。質問なんですが、クラス全体で、みんながSAに向かって行こうって気持ちを盛り上げるために、あの普段から気を付けていることがあれば、教えていただきたいです。
菊池：これ全員に対する質問ですね？
参加者：はい。
菊池：あぁ、なるほど。
曾根﨑：えっと、まずは質問タイムとかほめ言葉で、相手のことを知り合って、みんな、あっ、自分もみんなも大好きになれるようになったり、あとは周りにある掲示物とかで、常に「成長」っていう言葉が目に入るようにしていることです。
参加者：ありがとうございます。（会場から拍手）
杉森：僕は、えーっと、客観的にほかの人とか自分を、鳥の目で見るように心がけています。
菊池：えっと近くの人と、鳥の目ってなんだろうってちょっと相談してみてください！

なんだろうなー、鳥の目って！すごいですねー。俯瞰するってやつですねー。

すごいなー。鳥の目で見る！すごいなー。（曾根﨑さん、辞書を引く。近くの子ものぞき込む）

菊池　：（鶴君立ち上がる）絶対にね、あの、鳥の目で見るっていうこともあると思うんですが、って言って、さっきのあの杉森君の言葉を受けて、彼は話すと思います。

鶴　　：えっと、鳥の目で見るっていうのもあるんですけど、鳥の目で見ながら、それをほめ言葉や質問タイムでも、ほかの、なんか菊池先生の授業中の話、普通の授業から成長へ引っ張る話なんかを楽しんで聞いたりやっていくっていうことが、その僕にとってSAに向かって行くための進歩というか、そういう感じだと思います。（拍手）

菊池　：内川君はもう、僕はもう最後にしゃべる！って決めてますからね。（会場笑い）（腕を組んで笑顔でうなずく内川君、思わず笑う菊池先生。）

佐竹　：やっぱり私は、周りの6−1全員を見て、みんなのいいところを自分に取り入れていくっていうところを、普段、気にかけています。（手ぶりをつけながら前を向いて話す佐竹さん）

菊池　：じゃあ佐竹さん、例えば内川君のどんないいところを取り入れるの？

佐竹　：あの、積極的なところがいいです。（うなずく内川君）自分から目立とう！みたいなところが。

菊池　：もう今、十分目立ってますよね。（大きくジェスチャーをする内川君。会場笑い）

佐竹　：（うなずく）私も真似したいなと思いました。（会場拍手）

武内　：私が普段から気を付けていることは、いつも笑顔なんですけど、教室に入る前に、先生がいつも言っているように、

　　　　仮面をかぶる。朝たとえ親とけんかをしても教室に入ったら笑顔。教室に入ったら公の場なので、なるべく笑顔になるよう気を付けています。（拍手）

菊池　：なるほどね。（内川君立ち上がる）お待たせしました。内川君、もういいよって言うまでしゃべっていいよ。（内川君笑顔になる）

内川　：えっと、僕が今気を付けていることは、あの質問タイムとかで、自分の経験を話すことによって、ほかの人たちに、同じ経験をもつ人とか、こういうことをしたらこういういいことがあるんだよっていうふうに、その質問タイムの中でも、あの、教えてあげたりとかして、その自分の経験を世のため人のために、あの、使うっていうのが、それも成長のためだと思うので、そういうことをやっています。

菊池　：（価値語カレンダーを出す。「出席者じゃなく参加者になる」のページ）これでしゃべってくれるか？今日のこと。（内川君「今日の？」）うん。そう。今日のこと。

内川　：えっと、今から気を付けることなんですけど、このカレンダーにも書いてあるように、出席者ではなく参加者になるっていうので、出席者っていうのはたぶん、4年生の頃の僕のことだと思うんです。4年生の頃の僕は、もうあの、学校は勉強するためではなくて給食を食べるために来ていたようなもんで、あの、勉強なんておまけだと思っていたので、もうあのそんな感じでだらだらしてたんですけど、今では菊池先生とかと出会ったりして、参加者になったり、討論とかでもいろいろな意見を出したり、反応したりとかすることで、自己開示とかをしていっているので、この場でもたぶん、ちょっと聞いたんですけど今日討論があるとか言ってたので、それを今日、参加者になるっていうので、気を付けて、反応とかをばんばん出していって自己開示を

村上　：えっと、今私がSAに行くために努力っていうか、頑張っているということは、その、たぶん前も言ったと思うんですけど、皆の話を素直に受け入れて、それをプラスの方向に進めていくっていう、そういうことをしていて、（手で振りを付けながら話す村上さん、会場の全体を見渡している）それで人の話をちゃんと聞くとか、小さなことでも大きなことっていうことを思っているので、小さいことでもこつこつ頑張っていけば、SAに行けるのかなって私は思っているので、小さいことからだんだん大きくしていくっていう努力をしています。

菊池　：（話を聞きながら、ホワイトボードに「Aのバケツ」「細部」と書く）

元山　：私が気を付けていることは、昨日、お別れ集会があって、そこで3年生の皆さんが、「私たちも6年生のようになりたいです」っていう発表をしてくれたんですけど、そうやって自分のことを、今自分が尊敬されるような行動ができているのかとかを見直す、新しいところから違う部分からいろんな部分から自分が、見れるっていうことをできるようにっていうことをいつも、普段から気を付けています。

岡田　：私は、人にしゃべるときに、その例えば学校の放送のとき、こないだ初めて放送したんですけど、しゃべる、人に話をするときに言葉を言うのが速すぎたり、少しマイクが近すぎたりだとか、そういうことがあるので、そこを気を付けて、人に話を聞いてもらえるようにしたいです。

菊池　：（ホワイトボードに「自分のことに話をもってくる」と書く）

中村　：私は、特にそういうのはないんですけど、中学校に行くっていうのもあって、まず「努力をする」っていうことに、私を、私自身を傾けていきたいなと思っているんですけど、

努力っていうのは、人が言葉で言ったら絶対、飾りにもなるじゃないですか。「私は努力してるよ。努力してるよ」って。でも、そういう飾りだけにしたくなくて、自分で本当に努力をしていくためにはどういうことをしたらいいかなっていうのを考えながら、中学校に行ってSAに行きたいなって思っています。（会場から拍手）

魚住 ： 一日一善っていう四字熟語があるじゃないですか。それで、一善じゃなくて、最低でも1個あって、できれば、一日十善くらい？をすることを目標にしていて、たまにできない日もあるけど、そういう日は日記に印を付けたりして、できたかできなかったかを見えるようにしています。

菊池 ： はい。じゃあ近くの方と、この11人の話を聞いて、あなたどう思った？ってちょっと聞いてみてください。どうぞ！

（先生方映る。学級会のときの様子を思い出しながら話している。）

菊池 ： はい。じゃあじゃんけんしましょう！はい。じゃあ、子どもたち立ってください。はい。最初はグー、じゃんけんぽん！（やったー、負けたーなど反応する子どもたち）勝った人だけ立ってください。はい、じゃあ3人でじゃんけんしてください。武内さんを今日のほめ言葉のシャワーの主役にしたいと思います。（ほほえむ武内さん）「いいなー」っていう声が出ること自体がいいなって思います。今聞いていて、あぁ、ここですよね。あの「私にとって〜」っていうね、あの自分に落とせばしゃべれるわけですよね。だから、どの子も自分に落とすんですよね。答えが外にあるっていって探すんじゃなくて、自分の中にあるから、それを話すってことですよね。これは、私たちのよくやるゲームで「チャップリンゲーム」っていうのがあって、「私にとっ

てカメラとは？」って、カメラって何ですかって聞かれたときに答えを探そうとすると、こう窮屈になるわけですよね。「私にとってカメラとは？」ってなると、しゃべりやすいわけですよね。だから、SAがどうだってことに対して、「私の場合」と落とすっていうね。この感覚が自然に身に付いているってことが、もしかしたらしゃべれる要因かなって思いますね。はい。内川君ちょっと（手招きする）（内川君立って数メートル移動する）友達が見てるよ。友達が。（内川君会場の前で起立する）はい！この内川君のそっからここまでで、はい、すばらしいなーと思うことはどういうことですか？（即座に7名手が挙がる）はい！手を挙げましょう。いいですね、いいですねぇ。この一瞬です。はい、じゃあ手を挙げてる人立ちましょう。

曾根﨑：えっと、歩いているときに体が堂々としているところ。

杉森　：腕を振っていたし、最後に胸を張っていたことです。

鶴　　：今までのこともあるんですけど、そこに立った後に、きちんと皆さんの方、公の人たちの方を向いていたことです。

佐竹　：そこに立ったときに、一回ちょっと沈んで、ピシッとなったことで一瞬で気合いが入ったなって思いました。

村上　：ここを通るときに、あの、普通だったら机とか鶴君に当たるかなぁと思って見ていたんですけど、当たらずにする〜と行っていたので、いいと思います。（会場笑い）

岡田　：表情がとても自信に満ちあふれていていいと思います。

魚住　：えっと、なんか、卒業式の練習のときもそうだったんですけど、なにかあの、ちょっと他の人とも似てると思うんですけど、「僕を見てー」みたいな感じで歩いていたのがいいと思いました。（メモを取る曾根﨑さん、武内さん、体ごとを魚住さんに向ける杉森君、佐竹さん）

菊池　：すばらしいですねー。じゃあ内川君、じゃんけんしましょ

う。あ、じゃあ勝った人からね。
あー内川君、今日もヘアースタイルとっても素敵ですね。
内川　：先生の眼鏡も、いつもきれいで、僕の眼鏡、きたないんですけど、先生は綺麗好きなんですね。
菊池　：あ、ありがとうございます。（握手）あ、両手、えらいねー。じゃあじゃんけんして、あの子どもたちも入ります。じゃんけんをして勝った人から相手のいいところを言う。負けた人も交代して言う。どんどんね。そういうふうにして場の空気をより温めていきたいと思います！子どもたちも一生懸命にやると思いますので、ね、あまりむきにならないように。よろしいでしょうか？はい、じゃあご起立ください！はい。じゃあね、公の場に自ら！歩を進め！はい、じゃあどうぞ！ホメホメじゃんけんでもして楽しみましょう！はいどうぞ！
　　　　（ホメホメじゃんけんスタート）

参加者：いつもテレビで見たことあるんですけど、目を見てしゃべっていてとても話しやすいです。とてもすばらしいです。
内川　：…………。（服装のことについて何かほめている。）
参加者：ありがとうございます！

参加者：あの、とってもさわやかな笑顔で、素敵な笑顔で、しっかりさっきもしゃべっていて素晴らしいなぁと思いましたね。どうすれば、あんなふうに自分を見つめられるようになるんですか？
魚住　：（時間切れになってしまう）あ！服が似合ってますね。

参加者：堂々としてるだけじゃなくて、相手を思う優しさが目から表れていますね。そういうところがとてもいいなと思いま

　　　　　　す。
内川　　：ぼくは、片目を見てて、両目を見てしまうと恥ずかしいと思ってしまうんですけど、あなたの場合は僕の両目を見ていて恥ずかしいと思っていないですね。そういうところが自信に満ちあふれていますね。
参加者　：あぁ、ありがとうございます。素晴らしいですね。（握手）よろしくお願いします。

岡田君と参加者の「ホメホメじゃんけん」。

内川　　：あなたは、マスクをしていたら、よいこの濱口さんに結構似ていて、で、声とかも透き通っていて、いろんないいところがありますね。
参加者　：自分をすごくもっていて、それをちゃんと出しているところが素晴らしいと思います。がんばってください。（握手）

菊池　　：子どもたちがしゃべる中で、結局あの、今、最後にね、佐竹さんとしていただいてましたけど、『自己開示』をしてますねっていうように、私たちで言う価値語というものが相当入っているから、しゃべりやすいんですね。そう思います。ほんとにですね。ハイ。じゃあ言葉ということでですね。朝、とても天気がよかったですね。（「春」と書く）辞書を引かないで、「春」という言葉の意味を、12歳はなんて言うでしょうか!?　ね。あの、「春」っていうのを説明するのに、どう説明するかっていうことですね。辞書は引きません。もー今日はいい天気ですね。（少し間を取っていると、手が3、4人挙がる）立ちましょう。立ちましょうね。もうこういうときにですね、一緒ですとか、同じですっていうのは、暗黙のルールとしてないわけですよね。

　　　　で、なるはずもありませんから、当然ですよね。…ってこうね、押してるんですね。押してるんですね。（次々と立っていく）で、今座っている子がいますよね。じゃあその子たちが立たないかっていうと、（残りの子も周りを見て立つ）立たないといけない空気になってるんですよね。（会場笑い）同じことは言ってはいけない。すごいですねー。じゃあ、一番向こうの中村さんから、どうぞ！

中村　：私は、「春」は「自分の新しいスタート」だと思います。理由は、可視的に学級が進級するとかもあると思うんですけど、まぁ私たちの場合、卒業して入学するじゃないですか。そのときに、また中学校に行って流されるか流されないかとか、そういう問題もあるので、私的には「新しい自分のスタート」だと思いました。

岡田　：私は、その、「春」は「青春」が始まる日だと思いました。（会場笑い）やっぱり青春の春っていう字も入っているし、まぁ中学生とか新しい学年にもなるので、新しい恋とか、新しい旅行とかが始まるのでいいと思います。（会場拍手）

菊池　：岡田君、岡田君。ちなみにこの中に好きな人がいるわけですか？

岡田　：も～恥ずかしいからやだぁ～。（つっこむジェスチャー）（会場爆笑）

元山　：えっと、私はさっきの中村さんと似ているんですけど、私の場合はスタートじゃなくて終わりだと思うんですよ。なんでかって言ったら、さっき自分がSAに行くためにしていることと少しつながって、自分もまた見直せる日じゃないですか、最後に卒業式に自分がこの一年間どう過ごしてこれたのかっていうのが見えるっていうのが春にはあるから、そういうふうに思いました。

村上　：えっと私は、さっきの3人みたいに成長とかそういう感じ

　　　　　じゃなくてただ単に思いついたんですけど、春っていった
　　　　　ら、その暖かくて、桜が咲くっていうあれしか思いつかな
　　　　　かったんですけど、その、まぁ春っていったら暖かくて、
　　　　　桜…花が咲く季節だなって思いました。
　　菊池　：ちょ、ちょっと待ってね。今、村上さんが、今そう言いま
　　　　　したよね。わりと素朴というか、その理由は、村上さんら
　　　　　しいなと思った人ちょっと手を挙げてみて。(全員挙げる)
　　　　　ここ、ここ大事ですよね。村上さんは村上さんの、そうい
　　　　　うキャラなんですよね。(子どもたち笑う)キャラってい
　　　　　うか、村上さん、はい、村上さんのニックネームをみんな
　　　　　で言いましょう。
子どもたち：スマイリー村上。(会場から「あ〜」の声と拍手)
　　菊池　：はい、いいですねこのリアクション。
　　　　　内川君、おしゃれで賞、深いで賞、おもしろいで賞。どれ
　　　　　をねらいますか？
　　内川　：えー。深いで賞。
　　菊池　：おおー。いいですねぇ。はいどうぞ！
　　内川　：僕は、春はいろいろなものが芽吹く時期だと思いました。
　　　　　なぜなら、可視にも不可視にも関係あるんですけど、まず
　　　　　可視で、さっき言ったように桜とかいろんな花とか動物と
　　　　　かが、命を与えられて活発に動き出す時期であり、不可視
　　　　　は、あの、いろいろなものって言ったら、力もものなんで
　　　　　すね。だから、中学校に僕たち行くじゃないですか。春に
　　　　　なったら。そしたら、新しい空気とか友達とか、新しい人
　　　　　がいるじゃないですか。その中で、どんな力を発揮できる
　　　　　かとか新しい力をつくれるかとか、そこでいろいろ決まっ
　　　　　てくると思うので、いろいろなものが芽吹く時期にしまし
　　　　　た。
　　菊池　：深い！深いね〜。(会場拍手)

鶴　　：春っていうのは、今までのこと踏まえて、それを新しい気持ちに切り替える、すっきりさせるっていう感じに僕は思いました。理由は、春っていうのは、冬に花とかなってないじゃないですか、木に。でも春に新しいものが芽生えるっていうのは、そうやって中学でも、新しい勉強とか部活とか友達でもなんでもそうですけど、新しいことができると思うんですよ。いや、できます。だから、そういう思いを踏まえて、そんな感じに思いました。

菊池　：読んでるんでしょうね。いろいろ。先を読む。そのときの状況を。読む力。それっていうのは、中学生とつなぐとか、３年生のお別れ集会でのあるシーンとかと「つなぐ＝読む力」、なのかもしれないなと思いましたね。ということは、杉森君は、だれかとつながないといけないと思いますね。思いますねぇ。（会場笑い）（考え込む杉森君）いや別にいいんだけどね。うん。

　　　　みなさんこれね、美しい沈黙ですね。たぶんしゃべってたら、あれなんですかね。

杉森　：僕は、えっと、春はリセットするところだと思いました。理由になるんですけど、春って学年とかが上がったりするので、それまでの自分を一回忘れて、また新しい自分になるってことで、勝手な解釈になってしまうんですけど、これ、三本抜けたら人じゃないですか、それで、この３本で、この人っていうのがそれまでの自分として、三本でなくして（線で消してという意味）、また新しい日が出てくるっていう解釈をしました。（会場から、なるほど、お〜の声）

曾根﨑：私はめちゃくちゃ単純なんですけど、「タンポポの花が咲く時期」だと思いました。春になって花が咲くじゃないですか。で、そこから自分の心の中にまた新しい花が咲くんじゃないかなって思ってそうしました。

武内　：私は「一番の成長」だと思いました。私たちをチョウチョで表すと、春（3月18日）は卒業。チョウチョだったら生まれる時期で、私たちは、3月18日を過ぎたら卒業、中学校にあがって、チョウチョだったら冬はさなぎですよね。さなぎから出て新しい未来へ生きていく、ということなので、「一番の成長」だと思いました。

魚住　：その前の人たちがすごいいいことを言っていて、言うのが恥ずかしいんですけど、えっと、私は、春っていうのはいろいろ新しいことがあって、「わくわくする季節」だと思いました。理由は、例えば花が咲いたりとか、卒業してもまた入学式とかあるじゃないですか。卒業した、で悲しいとかさみしいとかよりも、新しい学校に行って新しい友達をつくるとかわくわくする気持ちの方が多いと思うので、「わくわくする季節」かなーと思いました。

佐竹　：私は、みんなが言っている間に、全部当てはまってしまって言うことがなくなってしまってたんですけど、その、まあ杉森君みたいに、「春」っていう字を分解して考えたいと思います。「春」っていう字は、あの、下が「日」っていう字と、「人」っていう字と、「三」っていう字があるじゃないですか。だから「春」は暖かい季節だと思うんですよね。すごい、じんわ〜りというなんか気持ちになって、「三日坊主」が続く日なんじゃないかな。三日と人、人は三日。そんな感じに思いました。

菊池　：なるほどね。あの、「クッション言葉」って書きましたけど、こうこうこういうふうに考えたらって「前置き」。で、自分のところにもってくるわけですよね。そして文末が「〜じゃないですかぁ」、「〜ですよね」って言いますよね。だからそこが、確かに、素晴らしいなと思いますね。と同時に、その前置きが自分の言葉でできる。そして、文末でそ

うやって相手と対話してるんですよってできる。それの「空間」。つまり、「教室」がどこまで成長してるのかっていうのを測る一つの尺度じゃないかなあと思うんですね。豊かにクッション言葉が使える。文末でそうやって問いかけて対話をしようとする。それは、窮屈な学級はできません。わざわざする必要もないし、して何が返ってくるかわからないわけですから。と同時に、今私は言おうと思ったんですよ。今こうやってずーっと1巡しました。元山さん、言い足りなかったことあるでしょ？って言えば、元山さんはこうチョップ出しながら言うわけですよ。（会場笑い）それで内川君が、「先生もう一回言っていいか？」ってなるわけですよね。ここですよねぇ。はい。じゃあ内川君が言った後に、元山さんのチョップが出るという。（内川君立ち上がる）やりますね〜。

内川 ：ぼくは、まぁ、あのさっきと同じように、これ分解するんですけど、「人」と「日」と「三」っていうので成長だと思うんですよ。で、「人」ってのは普通に僕ら人間のことで、「三」っていうのは、あの、比率のことじゃなくて、ぼくは、種類で考えました。人の成長って、あのー、成長曲線にもあるように、BかAかSAの三つじゃないですか。大きく分けたら。その三つが大きく、だいたいで、その春で始めてAで行くかBで行くかSAで行くか、それが決まる日っていうことで、三種類の人が生まれる日ということです。

菊池 ：これね。（成長曲線の掲示物をホワイトボードに貼る）じゃあ内川君。

内川 ：えっと、この春を分けたら、「人」「三」「日」で、成長っていうのは三本あって、Bの道、Aの道、SAの道っていうのがあって、で、この三っていうのは比率じゃなくて、三種類って分けて、人が、この春にどういうふうに上がっ

ていくかを表していて、二つの道、三つの人が決まる日、できる日ということで、春は「成長できる日」としました。

元山：先ほどの続きで、言い足りなかったことを少し言いたいと思います。ここにいるみんなが、「春」は「始まりの時」っていう方が多かったじゃないですか。始まりがあるってことは、その前に、終わりとか物語があるから始まりがあるんじゃないかって私は思うんですよ。なぜかって言ったら、理由は２つあって、国語の教科書とかって、物語が始まる前に少しだけ、例えば題名でもそうなんですけど、題名から少し読み取れるものがあるじゃないですか。そもそも物語とか説明的文章を読む前に。そういうのがあるから、前に何かがあったっていうことは重要だっていうことと、もう一つが、例えばなんですけど、成長しようって思うきっかけが人それぞれあると思うんですよ。例えば、友達との距離感があって少しもやもや感が続いたりしたときっていうのは、これを直したいって思う人とかが、成長しよう、男女混合とかのグループとかにもなろうとか、そういう思いが前にあったから、成長しようって始まりがあると思うんですよ。だから、その、始まりと終わりがあるっていうのは、「終わり」がある方が私は重要だと思って、だから「春」は「終わり」の季節だと思いました。

菊池：なるほどなぁ。深いなぁ。

１－２質問タイム

DISC-1 chapter2

菊池：(「〜ね。〜ね。〜ですよね。」とホワイトボードに書く。

村上さん出てくる。）今から、朝の質問タイムをしたいと思います。村上さんに対して質問をします。はい。他の人は、村上さんは〜ですよね？彼女は「はい」としか答えられない。はい。はい。はい。じゃあ、口火を切りたい人！お、さすがだなぁ〜。はい、どうぞ。元気よくね。元気よく。

魚住　：えっと、村上さんは、スマイリー村上ですよね？
村上　：はい。
魚住　：それは誰にも渡しませんよね？
村上　：（笑顔で照れくさそうにする）…（こくりとうなずきながら）はい。
魚住　：つまり村上さんは、一生、っていうか死んでもスマイリー村上のままですよね？
村上　：（にこりと笑って）はい。

内川　：今あなたはダンスをしていますよね？
村上　：はい。
内川　：それで、今あなたはスマイリー村上さんですよね？
村上　：はい。
内川　：っていうことは、その２つを合わせたら、あの、見えないくらい金ぴかになりますよね？
村上　：はい。（笑顔で内川君に拍手を送る）

元山　：えっと、あなたはいつも顔が赤いですよね？
村上　：（首をかしげる）（元山さん「赤いですよね？」ともう１度問いかける）…はい。
元山　：それは、笑っていて恥ずかしいからじゃなくて、みんなのことを考えすぎちゃって、少しイラついてしまって、赤く

　　　　　なってますよね？いい意味で！ですよね！？
村上　：（悩みながら）（元山さん「ですよね！？」たたみかける）
　　　　　…はい。
元山　：だから、皆を常に考えているっていうことで、この成長曲線に描いたように、２・６・２の２に皆を引っ張ってあげようという努力を、常に考えていますよね？
村上　：（安心したように）はい。
菊池　：深いなー。これは深いなー。小学生が２・６・２でございますよ！？

中村　：村上さんはいつも笑顔ですよね？
村上　：はい。
中村　：自分の笑顔がだれよりも一番素敵だと思いますよね？
村上　：（遠慮して首をふりながらも）はい。
中村　：そしたら、さっきもちょっと似てるかもしれないんですけど、その、自分の菊池学級よりも、２組よりも、もっと広い世界に出て、もしアピールするとしたら、自分の笑顔をアピールできますよね？
村上　：（力強く）はい！

曾根﨑：あなたは、成長していますよね？
村上　：はい。
曾根﨑：そして、卒業までにはSAに行きますよね？
村上　：はい。
曾根﨑：だから、自分で成長できると言えるから、成長できるんですよね？
村上　：はい。（何度もうなずく。笑顔で相手に拍手を送る）

鶴　　：村上さんは常に前向きですよね？

村上　：（即答して）はい。
鶴　　：それは、日常の周りの空気というか、その、周りの空気がいいからですよね？
村上　：（大きくうなずいて）はい。
鶴　　：だったら、この菊池学級に入って、すごく良かったと思ってますよね？
村上　：はい。（ほてった頬を手で触って冷やそうとする）

杉森　：6－1に笑顔のライバルはいますよね？
村上　：はい。
杉森　：そのライバルに勝ってると思いますよね？笑顔で。
村上　：（一瞬迷うそぶりを見せるが）はい。
杉森　：それが、自分でいい意味の競争心だと思いますよね？
村上　：はい。

佐竹　：あなたのほっぺはぷっくりですよね？
村上　：（思わず笑ってうなずく。）
佐竹　：なにか入ってますよね？
村上　：（驚いて首をふりながらもうなずく。）はい。
佐竹　：そのほっぺには、優しさがたくさんつまっていますよね？（会場からどよめき）
村上　：（うれしそうに両手を顔の前であわせながら、小さくうなずく）

武内　：今日の講演会を楽しみにしていましたよね？
村上　：（うなずく）
武内　：今、そこの前に立って質問を受けていますよね？
村上　：はい。
武内　：だから、村上さんは、笑顔を忘れずに前に立っているんで

すよね？
村上　：はい。

菊池　：岡田君かな。全員言ったね。はい。思いを。思いを。
岡田　：じゃあちょっといいですか？
菊池　：はい。いいよ。
岡田　：こんな場で言うのも申し訳ないですけど、あの、告白していいですか？（会場盛り上がる）
村上　：（照れくさそうに手で顔を隠す）
岡田　：私は、村上さんのことが、好きですね？
村上　：（困ったようにうなずく）（会場から岡田君に拍手）
岡田　：あなたも僕のことが好きですね？（会場爆笑。会場から「それはずるい！」の声）
村上　：（小さな声で）友達として。
岡田　：…そんな僕はふられますよね？
村上　：（会場から温かい拍手が送られる）

菊池　：感想を３つ。はい。
村上　：今の質問タイムの感想を３つ言います。一つ目は、前の私のほめ言葉のときも、このやり方のほめ言葉で、そのときも岡田君が、なんかすごく、こういうふうにやってくれて、場を盛り上げてくれて、それで、（菊池「バレンタインデーは空いてますよね？」）だから、岡田君はいい意味で自己開示もできているし、人のことを気にしないで、恥ずかしがらずにできているなと思いました。そして二つ目は、たぶん、杉森君だと思うんですけど、私に質問してくれてるときに、ちゃんと目を見てしてくれてるし、その質問の内容も、シンプルで、すぐ相手が答えやすいような質問だったので、いいと思いました。そして、全体のことです。全

員、今もメモを取ったり、誰かが私に質問してくれているときも、いいことを言ったらメモをしたりしているので、集中力もあるし、場の空気になじめているなーと思いました。これで終わります。（会場から大きな拍手）

菊池　：はい。では近くの方と「この子たちばけもんじゃないかなー」なんて感想を述べ合ってみてください。はいどうぞ！

参加者：ちゃんとあれだね。その子の人となりに迫ることを言ってるし、単純なようで深いよね。死んでもスマイリー村上さんですよねがよかったね。

参加者：あぁたしかに。ここにもメモしたけど、その子にちゃんと心を向けてる。心を動かしてる。
　　　　毎日一緒に生活しているから、よく見てるなと思った。

参加者：よく見てるね。さっきのあれ（内川君の移動）。あれであれだけ出るのはすごいね。

参加者：あそこ（ホワイトボード）にも書いてある。細部にこだわるって。

菊池　：（質問タイムについての掲示物を示しながら）
　　　　黄色。これ座標軸ですね。タテとヨコがあって。A、B、C、Dと4つの枠があると。で、質問タイムで結局その人のよさを引き出す、あるいは分かち合う、あるいは新しい発見をする。そもそもそういうのが質問ですし、毎朝、一人の子が前に出て皆さんから質問を受けるっていうのは、やっぱり、相手のことを知って、理解して、とにかく好きになる。あーいいなぁ。多面的に見たら好きになる。あ、こういうところちょっと分かんないけど、こういうところはいいんじゃないかなっていう。それで一緒に成長し合うって

いう。そんな時間であってほしいなって思いますね。それで、向こう側、ジョハリの窓から取っているんですけど、4つの窓があると、自分は知っている、そして他人も知っている。自己開示する部分ですよね。向こう側は、自分は知らないけれども他の人は知っていると。盲点を、ほめ言葉のシャワーでお互いに指摘し合って、相手のいいところ、つまり自分にとっての盲点をお互いに理解し合うと。逆にいうと、この自分は知っているんだけど他の人は知らないっていう秘密の部分、窓があるそうで、その窓のところが、質問タイムでお互いに引き出し合って、秘密を開示し合うあるいはお互いに共有し合う時間になるのかなと。そんな最後、未知のところがありますよね。自分は知らないし、他人も知らない。そこの窓は果てしなく、広がっていくはずだと思うんですよね！それっていうのは、残りの3つの窓が、ある程度開いていないとその最後の未知の窓っていうのは開かないんだと思うんですよね。だから、その未知の窓を広げるために、日々の教育活動はあるんじゃないか、あるいは学級集団はそこを目指していくべきなんじゃないかと思うわけですね。

はい。ここで休憩にして、その後に、国語の「海の命」の討論を、実際にやってもらおうと思います。（会場から大きな拍手が起こる）いいですねぇー、いいですねぇー！（スライド用意）

これ光村図書の国語の教科書ですね。「海の命」という物語の200ページと201ページ。テーマがこの太一の気持ちががらりと変わったのはどこかというものですね。ここに、①〜⑨まで文を区切っています。はい。じゃあ聞いてみましょうかね。（子どもの考えのばらつきを挙手で把握

する)
(子どもたちやるき満々)はい。じゃあ今から休憩です。作戦考えてもかまいません。こっちの先生たちに「どう思う?」って聞いてもかまいません。それを自分の意見の補強材料にしてもかまいません。はい。じゃあ休憩にしましょう!

1-3 「海の命」の話し合い
DISC-1 chapter3

【参考資料】「海のいのち」(立松和平　ポプラ社刊)から引用
①もう一度もどってきても、瀬の主はまったくうごこうとはせずに太一を見ていた。②おだやかな目だった。③この大魚は自分に殺されたがっているのだと太一は思ったほどだった。④これまで数かぎりなく魚を殺してきたのだが、こんな感情になったのははじめてだ。⑤この魚をとらなければ、ほんとうの一人前の漁師にはなれないのだと、太一はなきそうになりながら思う。
⑥水の中で太一はふっとほほえみ、口から銀のあぶくをだした。
⑦銛の刃さきを足のほうにどけ、クエにむかってもう一度笑顔をつくった。
⑧「お父、ここにおられたのですか。またあいにきますから」
こう思うことによって、太一は瀬の主を殺さないですんだのだ。
⑨大魚はこの海のいのちだと思えた。

岡田　:先生、今回の勝負は、ここに来た人たちを、どれだけ、アピールして動かしたかですよね?

菊池　：そうそうそう。
岡田　：よし！

（武内＆内川チーム）
武内　：どういうふうに見える化する？（模造紙を用意しながら）
内川　：まずは、④は違うと思う。（画用紙に考えをまとめ始める）
武内　：④？　④、④（何か意見をまとめるためのツールを探す）
　　　　（参加者の先生を巻き込んで）
武内　：1つ目は、「こんな感情になったのははじめてだ」ってありますよね？
参加者：ここだよね？ここからここ？
武内　：私たちは、ここからここです。（教科書を指で示しながら）理由、過去、意見を言うならこっちに変わった方がいいって言う。

（鶴＆曾根﨑チーム）
鶴　　：命の大切さに関係してないよ？
曾根﨑：お父さんと息子が見たのでは違うっていうこと？
中村　：息子が見たのとお父さんが見たのは違うっていうの、うっちーが前…
鶴　　：いやでも、人は…！

菊池　：それでは、1時間目を始めたいなと思っております。（拍手）えーっと、メンバーがこれだけしかいませんので、実際の教室の様子はどこまで再現できるかってあると思うんですが、あのジョハリの窓で、例えば自己開示しようとか、友達の盲点を、お互いプラスの部分を教え合って、指摘し合って関係図を良くしようじゃないかとか、あるいは、自分の秘密をね、あの、いい意味の秘密を開示して、そこをお互

い理解し合おう、そういった学級をつくろう。じゃあ、そういう学級をつくった先のどんな授業を、そういった学級で目指そうとしてるのかっていうようなところを、こういう場で、先生方と一緒に勉強したいわけですよね。ざっくり言えば、今、このようにスクール形式で座っていて、教師が一方的に説明をする。そういった授業ではないということですよね。今は10人ほどいますけれども、先ほどのいくつかのやり取りの中で、結局、それぞれの理由、考え、想いっていうのは、「春」ひとつとってみてもやっぱり違うわけですよね。凸凹してるわけですよね。それを一斉指導型でやったところで、たしかに知識とか情報は共有化できるし、まぁそういった一斉指導の良さはあるんだろうけど、その違いが生きるような授業っていうのを、私たちは、そういった学級の人間関係をよくしたうえで、それを土台にして目指していると。それが今、多くの、実際抱えている子どもたちの現状に即していると、つまり、教えやすさの授業から、学びやすさの授業へと転換、授業観を変えていきたい。じゃあその授業観を変えた授業の実際はどういうものなのかということを、子どもたちと共に学びたいなと考えております。

はい。じゃあせっかくだから、グループに分かれたいと思いますね。岡田君はそこでいいですね。はい。

で、⑤の人？⑤は結構多いですね。ちょっとあっちの方に固まりましょうか？行間？じゃあそっちね。はい、あぁ、君はもうここにいるわけね。あぁ、どうも、失礼しました。（会場笑い）

（子どもたちの立場を確認）（子どもたち準備）

菊池　　：全然話変わるんですけど、昨日５年生の先生や子どもたちがお別れ集会開いてくれたんですね。
　　　　　将来の夢と、好きな勉強と、思い出の行事なんかを、一人ひとりの顔写真とともに紹介してたんですよ。その中で、好きな学習の中に「討論」ってのが結構あったんですよ。話し合いとか討論って。ちなみにその中で、これたぶん、全国の中で、小学生に「好きな教科なんですか？」って聞いて、こう答えるのは元山さんだけだと思うんですけど、一体元山さんはなんて答えたと思いますか？道徳って答えてたんですよ。（会場から「お〜」の声）それは、予想外でしたね。道徳と答えるような小学生。元山さん、みんなから、先生方から大きな拍手が来ますよ。（拍手）
　　　　　ちなみに将来は弁護士になりたいそうですね。チョップ弁護士ですね。元山さんのチョップが今日出るかですね。「〜じゃないですかぁ！」はっはっは…（笑）
　　　　　はい。じゃあ、どっからつぶしたいですか？
子どもたち：④！④をつぶしたいです。
菊池　　：あ、④？④はどこ？岡田君？あぁ、岡田君！岡田君〜。（ユーモアをもって）
岡田　　：もー、みんな嫉妬しちゃって〜。
菊池　　：はい、じゃあ岡田君からね。大原則は、人数の少ない方からつぶしていって、２つに絞る。
　　　　　二大論争にした方が一番白熱するらしいですね。はい。じゃあ④の岡田君に意見を言ってもらって、そして、周りから、みんなから、彼に質問や反論していきましょう。

岡田　　：みなさん！あの私は、人は行動の前に何を考えるとか、そういうことを、行動の前にあるのは何だと思いますか？（挙手を求める仕草）そこの方。

参加者：判断だと思います。判断です！
岡田　：私はこう考えました。気持ち。（「あ、座っていいです」）行動の前には気持ちがあったから、行動するんだと思ったんですよ。気持ちが判断を。気持ちでまとめて、（資料を示す）これ見えますかね？
子どもたち：貼ったらいいんじゃない？
岡田　：これ、私の立論なんですけど、教科書のまず6段落目の人がいるんですけど、あっ、6文目、「水の中で太一はふっとほほえみ、口から銀のあぶくを出した。」っていう行動が書かれてるんですよ。この行動で変わったって言っているんですけど、行動の前に気持ちがあったから、私は変わったと思ったんですよ。だから、その気持ちで変わったのではないかと。前に気持ちはあったのかと探していったら、私は④だと思うんですね。⑤には「本当の一人前の漁師にはなれないのだと、太一は泣きそうになりながら思う」って、この「泣きそう」は私は、「涙目」ととって、行動ととっていいのではと考え、その前にあった気持ちの「こんな感情になったのは初めてだ」の④にして、⑥の「水の中で太一はふっとほほえみ、口から銀のあぶくを出した」ってのは行動だし、⑤も行動だし、⑦も「もりの刃先を足の方にむけ、クエに向かってもう一度えがおを作った」って、⑦⑥⑤をみると、気持ちが書かれているのは④になるんですよ。だから、④だと思いました。
菊池　：なるほど。はい！ありがとうございました。
内川　：あの、質問いいですか？（岡田「はい」）さきほどの意見とはちょっとずれちゃうんですけど、ここに、「こんな感情になったのは初めて」って書いてありますよね？あなたが思う、「こんな」ってどこですか？
岡田　：今説明したんですけど、ここの全部が、「こんな」に含ま

137

内川　：れているのではないかと。
内川　：じゃああの、文でどこの、文ですか？
岡田　：はい。えっと、⑤⑥⑦…
内川　：⑤⑥⑦！？
岡田　：あと、③ですかね。
内川　：③というと？（岡田「ここの部分です」互いに頭を寄せ合って確認）
　　　　ありがとうございます。（マイクを渡すと、小声で「よっしゃ、よっしゃ、よっしゃ」と喜びの声）
中村　：質問なんですけど、変わるのって、最初のものがあって、でまた変わるのがあるじゃないですか。最初をAとしてこっちがBみたいな。
岡田　：AとBですか？（中村「そうそう。」）AとBは、あなたたちのAとBです。
中村　：は？（他チーム混乱）
岡田　：みんなの意見がこの④には込められているので、あなたたちが思っているAとBは、この④。
中村　：違いますよ。私たちAとBを④と思ってませんよ？
岡田　：あ、ちが、そういうことじゃなくて、あのさっき説明したじゃないですか。その行動の前に気持ち…あ、どうぞ。

※おそらく、岡田君は、行動描写には感情の変化のきっかけは込められておらず、あくまで感情の変化は行動描写の前に描かれると想定している。そのため、行動描写の③、⑤、⑥、⑦を除くと、自然と④が心情の変化を描いた部分だと結論付けている。また、心情がどう変化したか（AからB）は④の前後の③、⑤、⑥、⑦すべてが含まれるととらえている。しかし、中村さんや内川君は、もっとピンポイントに心情が変化する箇所を想定しているし、行動描写にこそ心情の変化が描かれるととらえている。その結果、両者の議論に

食い違いが生じていく。

魚住　：じゃあ、中村さんと同じになっちゃうんですけど、私たちが聞いているのは、こういう気持ちがあったけど、こうなったっていう気持ちを聞きたいんですよ。
岡田　：あ、それはその、私の意見は、あなたたちが言うそれらの行動の前に気持ちがあるから、その行動の前に気持ちがあったところが変わったと思っているわけです。
魚住　：だからそうじゃなくて、例えば、嬉しいから悲しいとか、悲しいから嬉しいとか、そういう感じで聞きたいんですよ。
岡田　：…。（教科書を見ながら考える）
魚住　：「こんな感情」って、たとえばどんな感情なんですか？悲しいとか。
岡田　：えっと、殺意があったのがなくなったのと、…。ほんと…とかです！
中村　：えっと、じゃあ、岡田君が言いたいのは、Aが、変わったところじゃないですか。④の「こんな感情になったのは初めてだ」のところ。じゃあ、具体的に聞きたいんですけど、Bの部分はどの部分ですか？殺意があったっていう文はどこですか？どこからどこで変わったんですか？
岡田　：殺意があったっていうのは、あの、まずここの、まず、198ページのところに、追い求めている夢ってあって、その夢って今のところクエって考えられるじゃないですか。で、そのクエを追い求めているってのはその、とろうとしているのではないかと…。
中村　：あの、この討論の議題が、「太一の気持ちががらりと変わったのはどこか？」ってあるじゃないですか。で、がらりっていうのは、「急激に」変わるってことなんですよ。急激に変わるっていうことは、（辞書を使って）物事が急に、

　　　　　激しく変わる様子っていう意味なんですよ。で、もしその198ページだとすると、198ページの「追い求めてきた」のところだとすると、そこから、岡田君の言う④のところまでだとすると、「急激」だと言えるんですか？
岡田　：どういうことですか？
中村　：だから、がらりっていう議題じゃないですか。で、がらりっていうのは急激に物事が変わるっていうことなんです。
岡田　：ここで殺意があるのが分かったっていうだけで、ここらへんで殺意がなくなったって…。
中村　：いやだから、それがＢとＡなんですよね？
岡田　：（言葉に詰まる。相手の言い分と自分の言い分の食い違いを考えている様子）
中村　：殺意があったっていうのがＢなんですよね？もともとの変わる前のことですよね？
岡田　：変わる前だから、Ａじゃないですか？
中村　：あ、まぁどっちでもいいんですけど。（岡田君もＡとＢがどっちかは関係ないと理解している）
　　　　（お互いちょっと笑う）
　　　　それで、そこから変わるんですよね？④のところまで。
岡田　：…まぁそういうことになります。
中村　：それで、この議題は「がらりと」変わるところっていう意味なんですよ。それで、がらりっていうのは調べると、物事が急に激しくなるっていう意味なんですけど…。
岡田　：ちょちょっといいですか？あなたたちのＡとＢはなんですか？（魚住「私言ってもいい？」）
　　　　（中村さんに変わって魚住さんに交替、少し空気がとがり気味だったが、魚住さんで落ち着く）
魚住　：えっと、私が言うんですけど、私たちが言うＡとＢは、だいたい大まかにいうと、それまで⑤の部分では、太一は

　　　　　泣きそうになっていたんですよね？
岡田　：はい。（いったん間を入れることで、岡田君も落ち着く余裕が生まれた）
魚住　：それから、「ふっと」の意味は、なんか、「突然」なんですよ。「突然」ほほえんだんですよ。
　　　　つまりそれは、泣きそうになったのからいきなり笑みを浮かべたとしたら、それは、急に変わったということになるのではないでしょうか？
岡田　：それがその、分かりづらいと思うんですけど、私の…
中村　：ま、待ってください！えっと、逆に、何で私たちが言わないといけないんですか？
岡田　：えっと、だから、４文目の「こんな」感情っていうのは、全部がここの「こんな感情」で動いたって言ってるわけですよ。あなたたちが言っている⑥文目の行動が、例えば「水の中で太一はふっとほほえみ口から銀のあぶくを出した…。」
中村　：言ってる意味がまったく分からない…。
内川　：あの、ちょっと話変わるんですけど、先ほどからこちら（中村）の質問でも言っているように、あなたのＡとＢはどこですか？
岡田　：だからその、④文目の「こんな感情」っていうのは、たとえば⑥に…
内川　：いや単刀直入に言ってください。どこと、どこですか？
岡田　：それは、ありません。
内川　：なぜないんですか？（会場騒然）（魚住「なかったらがらりと変わったことになりませんよ。」）
岡田　：それを、それをちょっと説明させてください。
　　　　⑥のことは、ここの気持ち（④の「こんな感情」）があったからこそ、この行動が出たって、言いたいんですよ。そ

　　　　　れは分かりますか？
中村　：（ばっと立ち上がる）え、じゃあ言いたいことは、気持ちが、気持ちのところでがらりと変わったって言いたいんですよね。
※岡田君の考え方がここで中村さんに伝わった。
岡田　：ここで…その…
中村　：だって気持ちの…
岡田　：そうそう！！気持ちのところで、行動じゃなくて、
中村　：でもでも！変わるっていうのは、最初のAとBがないと変われないんですよ。
岡田　：だからあるじゃないですか。
中村　：それが「初めての感情になった」っていうんじゃ…。
内川　：だから、あるっていうんなら、そのAとBを言ってください。
岡田　：だから、さっきのなんでしたっけ？
魚住　：ちょっと…。
中村　：何文目か！？
岡田　：「泣きそうになりながら思う」のところから、「ふっと…」。
魚住　：それだったらなんで④なんですか！？
内川　：ちょ！ちょっといいですか？これちょっとここ置きますね。（掲示物をどけてスペースを作る）

菊池　：ここで話し合ってて、ここはここで話し合う。メインがあってサブがある。黒板が子どもたちに開放される。教師が消えていく。そのあたりがキーワードかもしれないですね。（あちこちで話し合いが始まる。武内さんは、掲示物をどかしたり、自分にできることをやろうと精一杯動いている）
内川　：いいですか？（菊池「はい。どうぞ。」）
　　　　この討論の原則として、AとBで変わるっていうので、A

とB、さきほどは、泣きそうになりながら思う、から、ふっとほほえむ。そしたら、もしそこがAとBであるならば、（ホワイトボードに書き始める）がらりとって言うなら…。
菊池　：今、クライマックスのピナクルについて言っているんですね。

（鶴、曾根﨑、元山、杉森チーム）
鶴　　：がらりっていうのは気持ちの問題。それは…（教科書を4人をのぞき込みながら相談）
曾根﨑：あ、やっぱり。そうだよ、やけん…（相談が続く）
（内川＆岡田の問答は続いている）
菊池　：これはディベート的な話し合い。過去の指導の基本がディベートだったので、そのスタイルは先生によって変わる。私の場合ではディベートをやってきたので、ディベート的な話し合いになっているっていうことです。

内川　：国語辞典を持ってきました。「ふっと」っていうのは、「何かの拍子に」つまり、拍子ということは、（中村「行動」）気持ちがあってから行動がある。それだけとは言いきれません。
岡田　：「何かの拍子」はどこですか？
中村　：だから「ふっと」です。
岡田　：だからその「ふっと」の拍子はなんですか？
中村　：はっ？
※中村さんは、「拍子」と「ふっと」を同じタイミングととらえている。岡田君は「ふっと」の前に「拍子」があると思っている。
岡田　：何か（拍子）があったから、こうなったんですよね。
中村　：だから、この文、「ふっと」の中に入ってるんです！その気持ちも！

内川　：何かの拍子にっていうのは…（岡田「何かの拍子にっていうのは…」）

菊池　：表現が難しいというよりも、自分の考え方と違う。そんな人と対話をすることが難しいんですよね。でもそれを疎まないで、楽しめるような状態にしたいわけですよね。そこが一番の価値あることじゃないかなと私は思うんです。

中村　：「こんな感情になったのは初めてだ」の後の、この魚をとらなければ…。

岡田　：ちょっといい？ちょっといい？言わせて…。

菊池　：はい。ちょっと話題変えましょうかね。反論にいきましょうか。はいどうぞ。

内川　：僕から④への反論をします。こんなっていうのはどこかって聞いたら、岡田君は、③の「この大魚は自分に殺されたがっているのだと思ったほどだった」と言っていました。で、「こんな気持ちになったのは初めてだ」、この「初めて」というのは、デイリーコンサイス国語辞典で調べたところ、「最初に」、と出ます。で、その「最初」を調べてみると、「一番初め」ということなのです。なので、あの、一番初めというのは、ＡとＢでいうならＡのところです。

※（つまり、④の部分をＡとして考えてみるということか？）
　今回の議題は「がらりと変わったのはどこか」つまり「変わる」ということは、植物で表すと、ずーっと育てていたヒマワリが急にチューリップになるということ。（菊池先生爆笑）「初めて」というのは、ずーっと芽が出なかったのに芽が出たとか、つまり、同じものが成長したとか、出

　　　　たとか、新しいものが芽生えた（始まった）。そういうことになります。つまり、「変わる」と「初めて」では違います。なので議題と外れています。そもそものことで、④は間違っています。

岡田　：あの、ちょっと、山形君も一応読んだんですよ。その人の意見をちょっと、勝手に言わせてもらうと、山形君なりに、山形君の意見では、この土がなかったじゃないですか。あなたの意見で言うと、土があるじゃないですか。この土から芽が出たっていうことは、変わったってことじゃないですか？

菊池　：ディベート的な話し合いになると、話型、〜賛成です。とかいったものは、ないんですね。この小集団での話し合いに、あんな話型はいらないわけです。

内川　：僕が言っているのは、新しく芽生えたってのは、あのー。僕が言いたいのは、違うものが新しく出るってことなんですよ。
岡田　：だから…。
内川　：同じ１つのものが、こうなるんじゃなくて、…。
岡田　：それは分かります。分かります。それはとても分かるんですけど、同じものが出るっていうのも変わったと言うんじゃないですか？

菊池　：はい。じゃあその変わったというところ、こっちのグループに聞いてみましょう。
　　　　⑤と⑥の行間ですね。
　　　　そもそも、引用するとか根拠はとか、行間とか、学習の用

　　　　　詰みたいなものがある程度付いてないと、それはやっぱり話し合いできないですよね。学習用語、討論用語でございますね。（武内さん、もくもくと調べ物などをしている）はい！

曾根﨑：えっと、じゃあまず、ピナクルについて説明します。ピナクルっていうのは、起承転結の、転の一番てっぺんのところを言います。ピナクルっていうのが、まさに、がらりのドンピシャのところです。ここの一番鋭い針の先端のところを言います。で、この討論は、その一番てっぺんを求めているんですよ。がらりのドンピシャの部分ですね。

鶴　：だけど岡田君は、一番最初に、行動の前に気持ちが変わったって言ってたじゃないですか？
　　　（杉森君スケッチブックを示す）だとしたら、普通はここなんですけど、（イラストで示す）
　　　行動の前に気持ちが変わったっていうと、ピナクルの位置がここになるんですよ。

曾根﨑：そしたら、なぜここが、こう変わったのかって話になるじゃないですか。

岡田　：ちょっとずらして、見せてください。

鶴　：えっと、岡田君は一番初めに、行動の前に気持ちは変わったって言ったじゃないですか？

岡田　：はい。

鶴　：でも、それだと行動の前に、ここの気持ちが変わったってなるんですよ。この間の気持ちじゃないんですよ。（イラストでもう一度説明。岡田君真剣にイラストを見つめる。）

元山　：岡田君のＡとＢはどこですか？だから、岡田君のＡとＢはこうなんですよね？

岡田　：どういうことですか？

元山　：だから、ＡとＢがあって、始まったところはどけて…。
曾根﨑：あなたは、Ａは泣きで、Ｂはほほえみなんですよね？
元山　：どこなんですか？あなたのＡとＢは。
岡田　：最後にいいですか？最後に！（会場から笑い）
菊池　：いさぎよいなー。カッコいいなー！
岡田　：あの最後に、何回も言い続けていることを言いたいんですけど、ほほえみという行動の前に気持ちがあるじゃないですか？だから、そしたら例えばその、どこでしたっけ？④か⑥、⑤か⑥か、（鶴君、杉森君、元山さん、曾根﨑さん、岡田君を見つめながらなんどもうなずきながら話を聞いている）泣きそうになりながら思うとか、その泣くの前に気持ちがあったから変わったと思ったんですよ。「こんな〜うち」のとこだと思ったんですよ。その元凶が…。
中村　：なんで行動の前に気持ちがあるって分かるんですか？
岡田　：と私は考えて…。
杉森　：変わる前の気持ちと変わったあとの気持ちって話があるんですけど、岡田君の言う変わる前の気持ちは、このＡの気持ちのことですよね？
鶴　　：こっちじゃないでしょ。こっちですよね？（イラストの、ピナクルの前のもう１つ小さな山を指しながら確認）
内川　：ちょっと待ってください。さきほど、気持ちがあるから行動できるって話あったじゃないですか。ですよね？で、例えば、例えばなんですけど、あの、これは僕の経験なんですけど、「つめ、切りなさい」と言われてするみたいな、思っても見なかったことをやるみたいな、そういうふうな行動も１つの行動ですか？
岡田　：でもそれは、自分が分かったうえでしてるんだから、
内川　：無理やりやらされたら？
岡田　：そういう解釈。

内川 ：それに、この本にもあるように、ふっとほほえみというのは、何かの拍子にということです。なんの前触れもなく…。

岡田 ：さっきも言ったんですけど、その拍子に何があったのかっていう…。

元山 ：ちょっといいですかー？ちょっといいですかー？あの岡田君、いい加減少し、自分の意見が１つしかないのに少しだらだらしすぎてるんじゃないのかなって思うんですよ。ここは、一人なので潔く、男らしく変わった方がいいんじゃないかと思うんですけど（会場も岡田君も笑う）。そうしたらみんなから拍手がもらえますよ。もてもてですよ。

内川 ：今はね、そういうことを言いたいんじゃなくてね。（笑い）

岡田 ：もう十分もててるんですよー。（会場湧く）

魚住 ：私もちょっと言いたいんですけどー。

菊池 ：岡田君がさっき、休憩時間にいいこと言ったんですよ。これ会場の先生方の想いをどれだけ引っ張り込むかっていうのが、それも、一つのポイントだから、こっちに向かって言ってください。

魚住 ：（イラストを示しながら）例えば、悲しいから喜びに変わったっていうのが、そういうのが気持ちが変わったっていうことじゃないですか？そうですよね？それで、さっき岡田君は④に、ＡとＢはないと言っていましたよね？でも、その前に、行動が変わる前に気持ちが変わったと言ってましたよね？でもそれだったら、そう言っておきながらそのあとで、それはないんですよって言ったら、矛盾してるじゃないですか！矛盾してるじゃないですか！

岡田 ：気持ちが変わったじゃなくて、行動の前で気持ちがあったから、あなたたちの言ってる行動は、その気持ちの部分で

変わったんじゃないかと…。
中村　：ああ。その行動の前に変わったんじゃないかって言いたいんじゃない？
魚住　：でも、その変わったっていうのが、ＡとＢがないって言ったじゃないですか？さっき。
岡田　：だから、そのＡとＢは…ＡとＢはないです。
魚住　：ほら、なかったら成立しないんですよ。ＡがなければＢはないんです。
（また言い合いになりそうになる）
内川　：ちょっと待ってください。さきほど、曾根﨑さんが言ったように、この討論はピナクルを求めているのです。そのピナクルというのは、起承転結の転であり、さらにＡとＢ、ＡとＢがあってこそのピナクルなので、ＡとＢがないかぎり、その意見は、すべて認められません。
（子どもたち全員、岡田君を見つめる。）
元山　：きっかけがないと、変わっているのが分からないから…。
岡田　：ＡとＢは…、複数あります。
（会場騒然。岡田君の言いたいことも分かる。太一の感情は揺れ動いているので、Ａ、Ｂ、Ｃ、Ｄくらいあるのでは？）
内川　：Ｂが複数あるのはいいんですよ。でもＡが複数あると、変わる変わる変わるでもう、がらりじゃないんですよ。
魚住　：ＡとＢは何個あってもいいんですよ。でも、そのなかで、一番大きく変わったものがピナクルだと言えるんじゃないんですか？
元山　：こんなふうになりますよ。（ギザギザになったイラストを見せる。笑いが起きる）
内川　：つまり、あなたが言うたくさんＡとＢがあるというのは、あの、三角のやつがたくさんあって、一番大きいのが、ピナクルなわけですよ。あなたの意見の中でのピナクルが一

番高いやつなんですよ。で、その一番高いＡとＢはどこですか？

魚住　：そんなピナクルがいっぱいあったんじゃ、ただの読みにくい物語ですよ。（会場笑い）

岡田　：私は、あなたたちが考える気持ちが全部含まれてると思ったので、ここ７～８行目の意見ですか…。

杉森　：じゃあ、変わる前に変わったあとの気持ちがあるってことですか？ピナクル以降の気持ちもふくまれているということで。

岡田　：どういうことですか？行動の前に気持ちがあると思いました。（岡田君苦しげな表情、教科書を握りしめて耐えている。なぜここまで耐えるのか？逃げないのか？）

杉森　：その、今言ったのは、全部含まれているって言ったじゃないですか。ってことは、そのピナクル以降の気持ちも含まれてるってことで、（魚住さん、マイクをさりげなく届ける。）

岡田　：ピナクル以降ってどこですか？例えば。

杉森　：（イラストを示しながら、）まず、④ってこの辺じゃないですか？

岡田　：あなたたちの意見で言うとですね？

魚住　：っていうか、周りの人もそう思っていて、だから、④は、ピナクルを作るための…（中村「土台」とつぶやく）土台なんですよ。つまり、そこはピナクルではないんです。もしそこで殺す殺さないの気持ちが変わっていたとしても、それは、土台であって、しかも…。

岡田　：あああああ———!!!!（会場笑い）あ、もう君は大丈夫（中村さんに）。まどちゃん（魚住さん）、ありがとう。
　　　　　（子どもたちも笑顔、中村さんも笑顔）

魚住　：何行目に変わるんですか？

中村　　：もちろん⑥でしょ。
内川　　：行間でしょー！待って！もう言わんとこ！本人に決めさせよう。
岡田　　：ちょっと⑥はなしにしたい。
　　　　　（⑥チームからえぇー！の声）
※ここまで、討論が始まってから約30分

菊池　　：よし、じゃあほかのチームの意見も聞いてみよう！まず、⑤⑥の行間の意見を聞いてみましょう。

曾根﨑：今から、⑤と⑥の行間の意見を説明します。泣きからほほえみに変わったじゃないですか。で、私たちは、ほほえみのきっかけが、つまりピナクルの一番てっぺんのところが、⑤と⑥の行間だと思いました。泣きからほほえみっていうのは、反対の言葉じゃないですか。対義語っていう。だから、ここで気持ちが変わったって考えて、で、その間で、変わったっていう。今から、なぜ変わったかっていう話をします。

杉森　　：なぜ泣きからほほえみに変わったのかっていうのを疑問に思って、泣きからほほえみの間で、間っていうのは行間ですよね。それで、命の大切さを太一は知ったという仮説をつけてみて、それに対して、なぜ命の大切さを知ったか、えっと、193ページに与吉じいさが、「千匹に一匹でいいんだ。千匹いるうちの一匹を釣れば、ずっとこの海で生きていけるよ」っていう言葉を思い出したから、思い出したっていう証拠に、

曾根﨑：201ページの最後の部分で、
杉森　　：最後に、起承転結の結びの部分で、その言葉を思い出して

　　　　　るんですよ。
曾根﨑：「千匹に一匹しかとらないのだから、海の命は全く変わらない」って、書いています。
杉森　：最後に出るってことは、大切に思ってたってことじゃないですか。それで、2つ目に、クエに、父が乗り移ったと思ったから、殺意がなくなったから。その理由が、えーっと、目の色が、192ページの「光る緑色の目をした」って書いてあるんですけど、198ページに、「青い宝石の目を見た」って、目の色が変わっているじゃないですか。目の色が変わったってことで、乗り移ったっていう考えができました。
菊池　：文学作品が起承転結であるということと、色に着目するという、分析の仕方ですよね。そのあたりが、ピナクルっていう言葉もそうだけど、学習用語、あるいは文学作品の読解に必要な用語や学び方をある程度駆使しながら、自分の根拠を述べているということですよね。

内川　：ちょっと反論になっちゃうかもしれないんですけど、先ほどあなたたちは、色が緑から青になったっと言っていましたよね。光る緑色の目をしたクエがいたという。で、あの、この文を読んでみると、「ある日父は、夕方になっても帰らなかった。空っぽの父の船が沖の瀬で見つかり、仲間の漁師が引き…なんちゃら（武内さんが「引き潮！」とフォロー）、引き潮を待って潜ってみると、父はロープを身体に巻いたまま、水中でこと切れていた。ロープのもう一方の先には、光る緑色をした目のクエがいたという」。つまり、これを見たのは、仲間なんですよ。あの、ちょっと待ってください。（手を挙げる杉森君や鶴君を制する）太一じゃなくて仲間なんですね。最後まで聞いとってくださいよ？

菊池　：見た人間が違うのだから、色が違っても仕方がないじゃないかというね。再反論。

内川　：で、「太一は、海草のゆれる穴の奥に青い宝石の目を見た。」太一は、太一がこれは見ました。これはサイトで見たんですけど、そのサイトで、緑っていう色は、

菊池　：授業と授業の間、授業の終わりがオープンエンドだから、その間にいろいろ調べるわけですよね。つまり1時間で完結しない。連続性がある。だから、間の学びの方が大きいのかもしれませんね。

内川　：青と緑では、感情の表し方の色として、あの違う意味って書いてあったんですよ。それがなんだったか忘れたんですけど、あの、その感情の、色で表した感情の意味が違うんですね。つまり、仲間の漁師の思っている感情で見た、光る緑色の目をしたクエっていうのと、太一が見た青い宝石の目をした、青い感情を表した目のクエ、っていうので見た人も違うし見た人の感情も違うので、それは、違うと思います。

鶴　　：それって、見た人の、その見たときの、その時点での感情なんですかね？

内川　：たぶんそうだと思います。
（鶴君、杉森君、曾根﨑さん、元山さん、一斉に考え始める）
（中村さん、魚住さん、村上さんは相談を進める。岡田君は隅の椅子に座り、遠くから眺めている）

杉森　：感情の表し方自体が分からない以上自分でも説明しづらいんですけど、あの、分かってから考えたいと思います。

村上　：えっと、今から2つのことを言うんですけど、一つ目は、反論です。

まず、泣きから笑いになったから変わったっていう、Ａから Ｂじゃないですか？あなたたちは。
で、その泣きから笑いっていうのは、ここが⑤でここが⑥なんです。その間ってことですよね？間ってことは、ここが、まだ泣きのままってこともあるし、笑いかもしれないし、ズバッてなってないんですよね。間では。分かりますか？だから、

中村　：最初に泣きがあるんですよ。泣くっていう感情が、で、⑥のところで笑うって感情があるんですよ。それで、あなたたちはここの、変わるところの間を、変わるとこって言ってらっしゃるじゃないですか？だけど、ここは絶対に、泣きとも限らないし、笑うっていう感情だとも限らないですよ。で、そう考えると、ここが絶対に笑うっていう可能性もないし泣きっていう可能性もあるじゃないですか。

村上　：だから、ズバッてなったら、⑥では笑って、⑤では泣いたんですよ。だから、その間では、ズバッていう、そのがらりっていうのはないと思うんですよ。

菊池　：こっちが⑥文目、こっちが⑤と⑥の行間。

中村　：この⑤文目は、⑤文目の感情の可能性もあるわけですよ。なぜ⑥文目の笑うっていう感情も入っているんですか？

鶴　　：ちょっと待ってください。

杉森　：変えていいですか？

中村　：ちょっと待ってください！今私たちが質問してます！

元山　：⑤と⑥の行間じゃないですか。

中村　：いや、⑤と⑥の行間でも、⑤（のみの可能性）だってあるじゃないですか！

元山　：これがＡでこれがＢなわけですよ。

中村　：そうですよ。

元山　：だから、⑤と⑥でいいじゃないですか。

中村　：だから、行間だから、いろんな気持ちも交じってるわけじゃないですか、絶対にこっちとは言えないじゃないですか。

元山　：でも私たちはそこだってとらえたんですよ。

中村　：だからなぜそこだってとらえたんですかって聞いているんですよ。

元山　：それは解釈の違いじゃないですか。

内川　：じゃあ、あなたの解釈ってどんな解釈をしたんですか？

元山　：(声が小さくなる) 泣きから笑いになって…。

中村　：それの理由を教えてくださいって言ってるんです。なんで、絶対に笑って、証言できるんですか？って言ってるんです。

内川　：それにそもそも表してる場所が違うんですね。「泣きそうになりながら思う」ってのは、つまり「思う」。太一の感情の中だけで「思う」、つまり感情の心の中で泣きそうになっていました。

　　　　で、ふっとほほえみっていうのは、水の中でほほえんでるんですね。これは。なので、表現している場所も違うので、なぜそういう泣くから笑うに変わったととらえたかの解釈とか理由を教えてください。(岡田君、立ち上がり、中村さんチームの資料をのぞき込む)

鶴　　：あの、聞きたいんですけど、この6文目にこの「笑う」っていう感情のことが表されているんですか。でも泣くっていう感情のことは表されてないってことは、もうなくなったってことで、だから、⑥の前に変わったということですよね？

中村　：え、でもそれは、⑥文目でしょ？⑥文目で、笑うってなったんでしょ。だから、⑤文目の⑥文目の間でこういう、泣きが全然ないじゃないですか？⑥文目では。で、行間にそう書いてあるとは言えないじゃないですか。

鶴　　：書いてません。だから、自分でそうやってとらえたんです

よ。

菊池　：じゃあ⑥の人たちの意見を聞いてみようか。

中村　：私たちは、さっきのように⑤がAで⑥がBで、⑥で変わったというように変わったととらえました。理由は、大まかにいうと、太一は泣きそうになりながら思ってるわけじゃないですか、で、泣くっていうのさっきも出たんですけど、それで、水の中で太一はふっとほほえみ、口の中から銀のあぶくを出した。っていうのは、逆になってるじゃないですか、気持ちが。泣くっていう気持ちから笑いっていう気持ちに。それで、⑤から⑥の行間っていう理由もあるんですけど、あの、断定できないんですよ。泣きっていう気持ちも入るし笑うっていう気持ちも入るし、ここでは混雑してると私たちは考えました。だから、私たちは、断定している⑥にいったし、「がらりと」変わるっていうの「がらり」っていうのは、急激にって意味じゃないですか？もし⑤から⑥の行間に変わるとしたら、それは絶対にありえないんですよ。理由は、泣きから笑いっていうのは、ここで、２つの気持ちが混じり合ってるんですよ。もしここで変わるところの行間で「笑う」気持ちに断定できるって、向こう側（行間派）が、言ってくださるのなら、そこで変わったんだなって分かるんですけど、急激に変わったというのは、その混雑しているところじゃなくて、もうばっと分かったところじゃないですか。だから私たちは、⑥にしました。

魚住　：それに⑤と⑥の間は、たぶん、考えている。私が思うに、わざわざ開けているのは、考えているんですよ。話が変わるときに行って変わりますよね。だからつまり、話が変わっているから、気持ちも変わっているって思うので、⑥が、

　　　　変わったのかなって思いました。

菊池　：１マス空けの場面の変化を言ってるんですね。
村上　：あのもう１つあるんですけど、この⑤から⑥のところで、⑤で、太一は相当クエをとりたいって思ってたんですよ。それで、⑥では殺さないよって決めていて、⑤と⑥は迷っていて、グレーゾーンって言ったら分かると思うんですけど、殺すか殺さないかでぐちぐちなっていて、そして⑥では、その「殺さないよ」ということで笑ったんですよね。ほほえんだんですよ。

菊池　：ここで白熱してますね。ここを目指して１年間やるわけですよね。現象としての白熱。じゃあここで意見は言ってないんだけど、自分の内側で、人の意見を聞いて、ああそっか、なるほどなっていって内側で白熱するってことありますよね。この２つを考えたいなって思うんです。こういう状態を目指すための１年間、４月からの歩みと、ざっくり言えば現象としての白熱と、自分の内側で白熱し続ける、白熱には二つあるのではないかと思います。とかくこっち（内側）の白熱を落としてしまうのではないかと思います。全体の話し合いの中で意見をもらう。もらったものをもとに、また自分の中で白熱し続ける。考え続ける人間に行くのではないかと思っています。流れとしては、個人の白熱を大事にしたいなと。自分で考え続ける。ありがとう！はい、ちょっと一回座ってください。内川君、こういう話し合いで大切なこと、君は多分一番学んだし、○○。黒板の中にあるんだけど、はい、漢字２文字でなんでしょう？白熱のときに大事なキーワード。（手がさっと挙がる）さすが村上さんですねー。（あっと気付いてどんどん手を挙げ

	る）さすが村上さんですねー。はい村上さん。
村上	：えっと、笑顔です。
菊池	：笑顔です！笑顔になりきれるかですよね。こうなっていくと、白熱しすぎるときつくなっていく。それはそれでいいんだけど、やっぱりそこに笑顔があるかどうかですよね。はい！じゃあ11人みんな立ってください。先生方の方に向いてください。
	たくさんの拍手をもらうと笑顔になります。最高の笑顔で、美しい拍手をもらいましょう。
	はい。ありがとうございました！（会場から大きな拍手）

1-4　ほめ言葉のシャワー

DISC-1 chapter4

菊池	：武内さんのほめ言葉のシャワーでした。すぐ切り替えていこう。ここでいい？
	はい。じゃあ口火を切ってくれるのは、元山さんだそうです。
元山	：あなたは今、ディベートをしているときに、内川君と同じチームだったんですけど、内川君がずっと意見を言ってたじゃないですか。そのとき、武内さんがずっと教科書を見ていろいろなことを調べていました。だから、縁の下の力持ちで、いろいろな人を支えていける人だなと思いました。
武内	：ありがとうございます。
内川	：今、ここで、あの話し合いをしているときに、引き潮とか、

　　　　引き潮は夕方に現れるとか、時間によって目の色は変わるんじゃないかとか、日の当たり方によってとか、そういうふうに頭をめちゃくちゃに回してたくさんの意見をつくれるってことが、ぼくはあの、引き潮ってとこで、あんまり注目できていなかったので、あなたは最後までこだわれていたので、あなたはいつも、遊ぶときとかはがさつなのに、こういう勉強とかこういう公の場では慎重になれるのですね。

武内　：ありがとうございます。（メモを取っている。握手を両手でしている）

魚住　：さっき、みんなが白熱している間に、わたしがここで、スケッチブックに次の紙を書いていたときに、武内さんが来て、ここは、こうで、こうなるんじゃない？だからこういうこと言われそうだよね。とか、冷静に客観的に白熱している皆を見て、注意点とかを指摘してくれました。だから、武内さんは、頭が鉛筆みたいに三角にならないで、消しゴムみたいになれる人ですね。

菊池　：ディベートをするとどうしても三角になるけど、そうじゃないって。

武内　：ありがとうございます。（魚住さん、遠いけど、駆け寄って握手）

村上　：さっきのディベートの時のことです。私があそこでノートをとっていると、あなたは⑥の意見はなあに？とか、このペンどこにあった？とか、すごく積極的に話しかけてくれました。なのであなたは、斎藤孝さんの本にあったんですけど、ポジティブシンキングっていうので、積極的で前向きな人だなと思いました。

武内　：ありがとうございます。(両手で力強く握手)

中村　：「春」の意味を言う時のことです。その時のあなたは、会場のみなさんに、〜じゃないですか？とか〜ですよね。といった問いかけの言葉を使っていました。この場の空気を読める人だなーと思いました。そして、みなさんも見たら分かるように、上から目線なんですけど、すごい５年生の時からいろいろあったと思うんですけど、すごい成長しましたね。

武内　：ありがとうございます。(握手をして、すぐにノートに言葉をメモしている)

鶴　　：ディベートの時に、内川君がなんか分からない漢字があった時に、すぐに意味や言葉を教えていました。そういう公の場で言っている人のことを、また公で支えられる立派な６年生だと思いました。

武内　：ありがとうございます。

曾根﨑：えっと、じゃあ、私と杉森君で、武内さんのほめ言葉を劇にしてやりたいと思います。
　　　　(会場、そして武内さんからも拍手)
　　　　えっと、まず、朝、私と武内さんが講演会行くときに、公園で待ち合わせしたときに武内さんが遅れてやってきたときのことを再現したいと思います。

杉森　：(曾根﨑さん役で座っている)

曾根﨑：(武内さん役で) おー、ひな！遅れてごめんね！

杉森　：あ、だいじょうぶ。ちょっとしか遅れてないから。

曾根﨑：と言って、小さなことでも素直に謝ってくれた武内さんは、心が優しい人だと思いました。

	では次に、杉森君からのほめ言葉です。
杉森	：討論のときの様子です。ぼくが内川君で、曾根﨑さんが武内さんです。 漁師が引き…なんちゃらかんちゃら。
曾根﨑	：それ、しおって読むんだよ。
杉森	：こんな感じで、けん制できるので、教室の３箇条が守れていますね。
武内	：ありがとうございます。（二人と握手）
佐竹	：二つ言いたいと思うんですけど、一つ目は、ここに来る前にコムシティに着いて、２階でエレベーターを降りた瞬間にあなたは、駆け足でこの会議室まで行っていました。だから、その、すごく非日常を楽しむっていう前のめりなところがいいと思いました。 二つ目に、ここに来たときに、椅子と椅子が、間隔がなかったんですけど、そのちょっと下に荷物を置いていたときに、武内さんは「あ、これのけるねー」と言ってどかしていました。だから、武内さんはさりげない優しさが、あなたのいいところだと思いました。
武内	：ありがとうございました。
菊池	：あの、内川君が潮っていうのを読めなかったんだけど、教師は流したんだけど、たまたま武内さんが読み方を指摘したわけですよね。そのことを、ほめ言葉で言ってるんですよね。「お前、それまだ読めんのか」って、そのときに言ってしまうのか、結果論ですけどね、流したがゆえに、それがほめ言葉でいいことだよねって言ってあげる場面になる。そのあたりの教師の立ち位置というか、見極めというか、教師と子どもがお互いに気持ちよくなり合うわけだか

　　　　　ら、我慢できるか。ほんと微妙なところですね。そう考えたら、本当に、日々の教室っていうのは、宝箱かもしれないでしょうね。そんなこと今、ふと思いました。はい。岡田君、今、先生つないだから、もういいでしょ！

岡田　：岡田透和です。よろしくお願いします。（拍手）えっと、ロマンティックなほめ言葉しまーす！武内さんが、なんか討論のときに、武将でしたっけ？なんか、江戸時代のそういうことをつなげていたので、その歴史とか社会のことに関して詳しくて、それを引用できる人だと思ったんですよ。で、そんなね、社会が得意そうな武内さんにね、耳を澄ましてみたらね、こんな声が聞こえてきたんですよ。
　　　　　ねぇねぇ、明智光秀。
　　　　　なんだい？織田信長。
　　　　　こないだ本能寺燃やしただろう？
　　　　　本能寺燃やしてごめんね！
　　　　　許すかよ！だってお前は、本能寺だけじゃなくおれの心も燃やしちまったからな！
　　　　　秀吉には、内緒だぞ。
　　　　　歴史上の人物は—♪みんなロマンロマンロマンチック♪
　　　　　（拍手）

武内　：ほめ言葉の感想を三つ言います。一つ目は、私が一番うれしかったのは、うれしいほめ言葉は、えっと、一番最後の岡田君のでした。二つ目は先生が書いたおしゃれで賞、深いで賞、おもしろいで賞で、曾根﨑さんと杉森くんと岡田君が、劇をしてくれたのでうれしかったです。三つ目は、2、3時間くらいしかなかったのに、10人の人がほめ言葉を見つけてくれたのでうれしかったです。これでほめ言葉の

感想を終わります。（会場から拍手）

菊池　：はっきり言って内川君の教科書これですよ。落書きですよはっきり言って。だから、教材をどう自在に使うかってことですよね。いくつか、今みたいな状態になってるところのキーワードがあると思いますね。自由に動いていい、メインとサブ、言葉への、いい意味でのこだわりってものがあったり、あるいは、話し合いっていうものがどう流れるかを体験を通して知ってるもんだから、次に向けて読んでる。一番の根っこのところはなんなのかと言ったときに、人と意見は違うんだ。区別されるんだ。だからオープンに、自由に、自在に、意見を戦わせることを楽しめるんじゃないかなと思うんですね。こうなるためには、あそこのジョハリの窓じゃないですけども、様々な教育活動を日常的に行っていく。年間を見通して行っていくということに尽きるんじゃないかなと思います。えっと、今11人の子どもたちの様子を見てもらいました。担任としてもありますが、ほんと大したもんだと思いました。あの、立派だと思いますね。なかなかこういうケースはないんだと思いますね。もう一度、11人の子どもたちに大きな拍手をお願いします。（大きな拍手）

2-1　自己紹介
DISC-2 chapter1

司会　：じゃあ動物に例えると、自分を動物に例えると、ということで自己紹介をしてもらえたらいいなーと思います。じゃあ、ちょっとあの、動物を描いてもらってもいいですか？（子どもたち、思い思いにイラストを描き始める。）僕のクラスでもそうなんですけど、動物に例えるとかしないと、「ぼくの名前は司会です。好きな食べ物は〜です。好きな色は〜です」って、なかなか自分らしさが出ないんですよ。なので、こういうふうになりきる、例えるというのはすごくおもしろい自己紹介になるかなー、おもしろいかなーと思います。はい。じゃあ、トップバッター、口火を切ってくれる人は？はい。じゃあ元山さんからいきましょうね。

元山　：はい。えっと、私を動物に例えると、ハリネズミだと思いました。ちょっと絵が下手なんですけど、これが普段で、こっちが多少警戒をもったときなんですけど、普段って、例えば警戒をしているときって悪いことをしている人がいたら、まあいい意味でスルーする人もいると思うんですけど、その、教えてあげた方がいいと思うので、こんなふうになって少し鋭い口調で注意をしてあげたり、ディベートでも、尖り過ぎてはいけないけど、ある程度は尖って、少しひどい口調で言ってしまってもしょうがないんじゃないかなって思うので、まぁ、ハリネズミ、時と場合に分けてできるっていう意味で、私はハリネズミに例えました。（拍手）

中村　：私は、ミーアキャットです。理由は、まず石田君っていう目のくりくりした男の子が、私をミーアキャットって例えたんですけど、そのときはそのときで置いとくんですけど、私的にミーアキャットって例えたのは、ミーアキャットってきょろきょろしてるじゃないですか。だから、周りを見えるって意味で、私はミーアキャットにしました。(拍手)
菊池　：問いかけが入るといいですね。問いかけが入ると。
岡田　：私は、ナマケモノだと思いました。昨日、中村さんから、「岡田ってナマケモノみたいな顔してるよね」って言われて、あ、たしかにナマケモノかなぁって思ったのは、ナマケモノって実を採るときとか、ああいう自分のためのときは動くけど、なんもないときはのそ〜りとしているところがぼくと似ているなと思って。あと、そのナマケモノってやるときにはものすごく速いんですよ。木をつたうのが。だから、やるときにはやるんだぞっていう私のところに似てるなーっと思ったからです。(拍手)
菊池　：友達が言ったことを入れると、会話っぽくなっていいですね。
　　　　(内川君、村上さんにどうぞどうぞとゆずるジェスチャー)
村上　：えっと、私は、リスだと思いました。結構みんなからリスっていうことは言われるんですよ。リスって、実を採るためにいろいろと、努力を積み重ねて木に登ったりするじゃないですか。だから私も、その、まあ最初らへんに言ったみたいに、小さなことからこつこつとやるとこが、似てるんだなって思ったからリスだと思いました。
内川　：僕を動物に例えると、ヤマアラシです。理由は、ヤマアラシって、あらしの漢字が違うんですけど、「あらし」って、「し」を「す」に変えると「荒らす」って読めるんですけど、4年生のぼくって、ずっといろんなところを荒らしてたん

　　　　　で、そういう意味でヤマアラシの「あらす」で、あと見た目的にも、ぼっさぼっさしてるのも髪の毛に似てるのと、あの、このヤマアラシのとげって、いつもは閉じててしなってしてるんですよ。そういうまだ自己開示ができていないっていう部分と、自分と、今できているっていう活発な部分のこの自分の、ギャップっていうか成長の段階というのをこのヤマアラシはよく伝えてくれているので、ぼくはこれにしました。

菊池　：理由が、ポジティブな内容でいいですよね。あのよくどうしてもネガティブな内容を言ってしまってお茶を濁すような人がいるんですけど、たぶんいないと思います。どこにも。

曾根﨑：私は、うさぎにしました。理由はとても単純なんですけど、いつも教室とかでは、飛び跳ねているんですよ。あとダンスとかにも、細かい動きとか側転とか入れているので、うさぎにしました。（拍手、菊池「なるほどねぇー」

鶴　　：えっと、ぼくは亀にしました。ぼくの苗字は鶴なんですけど亀にした理由は（会場、爆笑）、えっと、うさぎと亀っていうお話があるじゃないですか。うさぎがさぼったから結局負けたっていう。あ、まぁ曾根﨑さんのことじゃないですよ。（うさぎと言った曾根﨑さんをフォロー、笑い）そういう部分でやっぱり亀はちょっとずつ努力しているんで、ぼくも、小さなことから努力して、最終的にはSAに行くっていう、そういうSAの仕方をぼくは目指したいので、ぼくは亀にしました。（拍手）

杉森　：ぼくはキジだと思いました。午前の部でも最初に言ったんですけど、客観的に見るって意味で自分はできているかなぁと思ったから、私はキジだと思いました。

佐竹　：えっと、私は、曾根﨑さんと同じくうさぎです。理由は異

　　　　なって、うさぎってなんか、けっこういつも口をもぐもぐもぐもぐしてるじゃないですか？何考えてるのかなー？って私もいつもうさぎを見ていて思うので、まぁ私も何考えてるか分かんないような、時々意識が変なところに飛んでしまうので、うさぎかなって思ったのと、あとうさぎってぴょんぴょん跳ぶから、なんか、無邪気、楽しむところはちゃんと楽しむところが自分かなあと思ったので、私はうさぎにしました。

魚住：私は、これあんまりかわいく描けなかったんですけど、猫だと思いました。理由は、私は結構マイペースで気まぐれなところがあって、思いついたらすぐやるところがあって、そういうところが猫に似てるかなって思ったので猫にしました。

武内：私は犬にしました。犬は人懐っこいというか、一般に犬は人懐っこいんですけど、私は、たとえば、小学生が電車に乗っていると勝手に話しかけて友達になったりしちゃって、だから犬にしました。マイナスなところは、ギャンギャン、犬と一緒でギャンギャンほえちゃうところです。
（一同拍手）

司会：ありがとうございました。すごいなーと思います。すいません、頑張ってくれた子どもたちにもう一回大きな拍手をお願いします！（拍手）

2-2　対話で大切なもの（①子ども ②参加者）

DISC-2 chapter2

司会：個人の中でも全体の中でも、白熱した話し合いが成立するた

めには、どんなことが必要なのか、例えば、語尾もありますよね。（ホワイトボードには、サンドイッチ型、問いかけを入れる、「〜ね」対話っぽい、ポジティブな内容という言葉が書かれている）少し考える時間を取りましょうか？子どもたちに、書いてください。書いてください。参加者の皆さん方もね、マイク回しますから書いといてください。

菊池：これがあると、これができるようになると、話し合いができると。いろいろあるんでしょうけれども！あえて、これが必要って…。

司会：そろそろ大丈夫そうですね。そしたらですね。書き上がっている人もいると思いますので、近くの人と、これじゃなーい？ってちょっと雑談してみましょうか。

内川：まず、人間がいて、人間の知能があって、人間の関係性があって、人間の気持ちがあって、それでプライドがあって、で、自分や相手、みんなと意見を区別するとか…。

鶴：第一に人間、人っていうのは確かにね…。

杉森：うんうん、人がいる。

鶴：人はいいんやけど、人はその、必ず必要とするものじゃない、人がやる「やり方」じゃない？

内川：まあ大まかに、ざっくり言うと…。（ここで司会が入る）

司会：はい。じゃあそろそろね、書いたものを発表するっていうのが約束ですからね。じゃあいきましょうね。はい。じゃあマイク回しますんで、こちらからいいですか？（中村さんに渡す）

中村　：私は、ものとかそういうものじゃないですけど、私は「自分よりレベルが上の人」にしました。話し合いの時にも自分は成長したいから、その時に「自分より上の人」を見つけて、その人と話すと、その人の知恵が私に入ってくるし、私の個人的なものをその人に入るから、二人とも伸びると思うので、あえて、私は、「自分より上の人」を選ぶかなーと思いました。（拍手）

元山　：えっと、英語があってるか分からないんですけど、私は、「Eye to Eye」目と目を合わせるということにしました。理由は、昨日この言葉を調べてみると、今まで例えば、今日15分休みにけんかしました。そして、3時間目に討論とかあったとしても、そのけんかしたこととかは捨てて、今していること自体にふれて、あの、気にしないっていうことが、この言葉には意味があって、なので、「今していることに集中する」っていう意味もあるし、その、私の経験上、目を相手の方を見ていると、私の方を見ていなくても、見るようになるんですよ。だから、行動を変えると人も変わるっていうことをこの間先生に習ったばかりだから、自分も変えて、相手も変わるっていう「Win-Win-Win」の関係になる「Eye to Eye」って言葉を選びました。

菊池　：いいですねぇ。ここ僕は、からみたいですね。例えば、一番向こうの中村さんが言われましたよね。「上の人」って。これディベートやったら分かるんですけど、相手チームが強かったらいい議論になるんですよね。相手チームが弱かったら、いくら力のあるチームでもよれよれの試合になるんですよね。相手次第なわけですよね。対話っていうのは。それで、それをあえてね。「高みに登ろう」とすること12歳は言うっていうことですよね。元山さんが、自分

の気持ちを変えることで、あ、行動を変えることで、相手を変えることができる。これよくありますね。相手を変えようと思ったら、相手の感情とか気持ちに言ったって限界になるだけ。相手の行為を変えようと思ったって、相手の行為に対して言ったって、相手は相手の想いがあるわけで。じゃあ相手を変えようと思ったら、自分の行動を変えない限りは相手は変わらないという。あの、学説というか考え方があって、それを、今思い出して彼女は使って言ったわけですよね。大したもんだな…と、私はすぐつっこみたくなりますね。あぁ、佐竹さん、これだけ言ったら次の人にもいいプレッシャーになりますね！（会場笑い）どうぞ！

佐竹　：えっと、私は、「自信」にしました。理由は、その、自信がないまま言ってしまうと、やっぱり声の質とかも悪くなるし、その伝えようっていう思いも弱まってしまうと思うから、そもそも自信がないと、やっぱり、「そもそものこと」ができないんじゃないかと思います。（言いきった後、自分で納得するように一度うなずいてから着席する。拍手）

村上　：えっと、私は「相手の目を見る」っていうことです。さっきの元山さんと、あの、同じなんですけど、理由が少し違っていて、私が実際体験した話なんですけど、その、誰かが悲しんでいて、それを私が「だいじょうぶ？」って話しかけたら、絶対、だれでも「だいじょうぶ」って言うじゃないですか。でも、その、目を見ていたら、絶対に悲しい表情をしていたりとか目を見たら相手の気持ちも分かるっていうのが分かるので、なので、相手の目を見て、自分も、その人の気持ちも分かってあげて、相手の目を見て自分の気持ちもちゃんと伝えるっていう、そういうことができるので、「相手の目を見る」にしました。（拍手）

魚住　：私も、ちょっと村上さんとほぼ一緒なんですけど、「アイ

　　　　コンタクト」にしました。理由は、えっとなんか、だいたい表情とかを見たら、話してる時に相手が面白そうにしてるとかつまんなそうにしてるとか、そういう話題、もし話す話題があったとしても、相手がしゃべっていて楽しいか楽しくないかが大事になると思うので、えっと、それを判断するために、目とかを見て、見ることが大事なんじゃないかなと思いました。

岡田　：私は「共通の話題をもつ」にしました。理由は、二人が菊池先生の話をしていたとしても、他のもう一人が入ってきたときに知らなかったら、その話についていけなかったりするし、共通の話題ではないし、その人がもし「それってなに？」と聞いても、やはり興味があるかどうかっていうのは、共通の話題であった方が興味をもつことが多いし、そうやって相手を興味のないことでも聞くってことをさせない対話をするためには、「共通の話題をもつ」ってことが必要だと思ったからです！

武内　：私は、「理解力」にしました。理由は、話している人に、よく「聞いているの？」って言われることがあって、聞いているのは聞いているんですけど、全然頭に入ってこないので、「理解力」にしました。

曾根﨑：私は、「『なぜ？』思考」にしました。内容のことになっちゃうんですが、たとえば、さっきのうさぎに例えたら、なぜ自分はうさぎなのか？うさぎみたいに飛び跳ねているから、なぜ飛び跳ねることができるのか？気持ちが明るいから。なぜ明るいのか？とか、そうやってずーっと続いていったら、自分のことも分かっていくと思うから、話し合いをするには、なぜ思考をして、言っていることが深くなるように考えたらいいと思いました！

内川　：ぼくは、「ポジティブな心」にしました。なぜなら、実際

ぼくの経験なんですけど、日常生活で、あの、ネガティブだったら、話しかけられても、本当に友達として話しかけられてるのかなとか、そんなふうになってしまって、そもそもの話もできなくなってしまって、で、ポジティブな場合だったら、さきほどの岡田君も、まだどこに行くか分からないけど変わったじゃないですか。あの、前半の時に。その時みたいに、もしあの潔く変わったとして、その時にポジティブじゃなくてネガティブだったら、負けた負けたってなって、ずっとそれを思い残してしまうことになってしまうので、それだったら変わったあともろくな意見もそればっかり考えてしまって、つくれないと思うんですよ。それにそもそも意見をつくったとしても、その意見をネガティブだったら、絶対これは反論されるとか、ネガティブになって、それでさらに怖がったりして、それで、言えなくなったりして話し合いにもならないので、まずはポジティブな心から取り組んでいけばなって思っていました。

鶴　：えっと、ぼくは３つの視点にしました。まずこの１つ目の「自分」というのは、話をしているときとか相手と話すときに、自問自答して「こういうことを言っていいのか？」とか「こういうときにこういう発言をしていいのか？」とかを考えて、２つ目の「相手」っていうのは、さきほど目と目を合わせたり、相手の目を見るっていう人たちも言っていたんですけど、そうやって相手の顔を見たりして、相手が話のことを「どう思っているのか？」っていうことを考えたり、自分の心で考えたりして、３つ目の「みんな」っていうのは、こういう話をしているときに、みなさんのうなずきや拍手の量によって、どれだけ共感したり、どれだけ話を聞いてくれているかってことを考えて、話を、話し合いをすればいいと思いました。

杉森　：ぼくは「人と意見を区別する」にしました。まず、ぼくも内川君みたいにポジティブっていうことが大切だと思うんですよ。で、ポジティブになるためには、えっと、じゃあ、人と意見を区別しないで一緒に考えてしまうと、えーっと、ネガティブになってしまうと思うので、これをやらないとポジティブにならないから、「人と意見を区別する」が大切だと思いました。

司会　：たぶんこれ以外にもですね、これはっていうのがあるんじゃないと思うので、あるのに手を挙げないなんて、絶対ないよね？

菊池　：（参加者を示して）こちらの方？あ、なるほど〜。

司会　：はい、え〜、ははは、すいませんね。じゃあ聞いてみたいと思います。これ以外に、今、子どもたちが出してくれたもの以外に、ちょっとこういうのも書いたよっていう方いらっしゃいませんでしょうか？どんどんいきたいと思います。よろしくお願いします！

参加者：はい。私はずばり、「成長したいという気持ちの高さ」が大事だと思います。

参加者：はい。私は、「話し合いをしている相手への興味」が必要なんじゃないかと思いました。

参加者：「相手を批判しない」ということです。

参加者：「相手のことをしっかりと受容する」ということが大事だと思います。

参加者：「違いから学べること」だと思います。

参加者：「話すネタが、自分の中でクリアになってるかどうか」だと思います。

参加者：「アンテナを張ること」だと思います。

参加者：「相手が理解できるように話すこと」と「相手が話してい

ることを理解すること」だと思います。

※声の大きさ、スピード、間、目線、姿勢など、意見を言うことに精いっぱいで、それを前の子どもや周りの参加者にきちんと届けようというレベルまで意識している参加者と、そうでない参加者がいる。

参加者：「相手が何を言いたいのか、その核心をずばり、つかもうとすること」だと思います。
参加者：「あなたの意見を教えてくださいというスタンスで、相手が思っていることを引き出す力」だと思います。

※子どもたちはみなメモを取っている。司会はどんどんホワイトボードに意見を書いている。

参加者：「相手の目を見て訴える。そして受け取って、2人でつくり上げること」だと思います。
参加者：相手がなぜそう考えるのか、そして自分もなぜそのような意見を考えているのかといった、「なぜ？という問い」だと思います。
参加者：菊池学級の子を見ていてつくづく思ったんですけど、声のトーンが大変クリアで、分かりやすい。だれももぞもぞと言わずにはきはきと、「相手に伝わる声のトーン」というのは、非常に大切だなと思いました。
参加者：私は「表情」が大切だと思います。特に「笑顔」。できるだけ笑顔で話すと、相手と心が通じるかなと思います。
参加者：皆さん方を見て、「質の高い日常生活」だと考えました。
参加者：「なぜその意見を言ったのか」を考えることだと思います。
参加者：「話し合うこと」あるいは「対話をすること」を好きにな

参加者：ることだと思います。
参加者：私は、相手の話を最後まで、途中で切らずに聞き、寄り添って話ができることだと思います。
参加者：えー私は、「頭か体に、人を感じていること」だと思います。
参加者：話し合いは、2人だけじゃなくって、3人以上で行うこともあると思うので、そのときに、「解決したい」とか「これを話し合ってなんとかしたい」っていうような気持ちが大事なんじゃないかなと思いました。
参加者：私は、まず批判するんではなくて、とりあえず「共感しよう」っていう姿勢が大事かなと思いました。
参加者：私は、「自己開示ができること」だと思います。
参加者：はい。私は、「自分のことを分かってもらえる」とか「意見を聞いてもらえる」っていう学級のいい雰囲気だと思います。
参加者：私は、「相手としっかり向き合う」ことが大事なんじゃないかなと思いました。
参加者：ずばり、「経験」だと思いました。
参加者：相手の意見の根拠を先取りして読むということだと思いました。
参加者：えー「人と意見が違って当たり前」と思うことだと思います。
参加者：「自分のことを絶対に否定しないという信頼関係があるということ」だと思います。
参加者：シンプルですけど、「相手を思いやること」だと思います。先ほどの子どもたちの話し合いも、自分の意見を言うこともですけど、相手のことを考えながら言っていたと思うので、「相手のことを思いやる気持ち」だと思います。

※魚住さん、スケッチブックにすべての意見を羅列してメモ。

司会：この中で、意見の中で質問したいなーっていう人もいるん

じゃないかなーと思うんですが…。
（魚住さん、元山さんが挙手）えー、そうですね、子どもたちが手を挙げるんだったら、大人は黙ってられないですよねー。

菊池　：そうなんだー！（子どもたち、どんどん挙手していく）
司会　：すごく、「範を示す」ということを子どもたちによく話すんですが…。はい、どうぞ！あ、これ答えるのは皆さんで考えましょう。お願いします！
菊池　：子どもたちもそれに絡んでいいわけですよね？いいねー、いいねー、いいねー！
内川　：さきほど、「アンテナを張る」ってあったんですけど、そのアンテナを張るっていうのは、例えば何についてアンテナを張るのが一番大切だと思いますか？
菊池　：ちなみに、内川君はどんな、何に対してアンテナを張るのが大切だと思いますか？
内川　：相手軸だと思います。相手の気持ちに対してだと思います。
（菊池「なるほどねぇ。」）
参加者：僕は、相手軸もそうだし、あと、「今何について話し合っているのか」という、さっきの「海の命」でも思ったんですけど、「方向性」にアンテナを張った方が、話し合いが進むんじゃないかなと思います。
菊池　：たしかにありましたよね。テーマは「がらりと〜」って。常にそこへ立ち戻ろう、立ち戻ろうとする。そういうのもありますね。
参加者：私自体のアンテナですが、アンテナの強さとかも大事になると思うんですが、みなさんのお話聞いてて僕は感動したのが、いろいろなことをつないで話してることなんですね。僕自身対話するときに、自分がイメージしていることが、聞いてくださってる方の中に何かを積み上げていくような

　　　　　ことを意識してます。自分の好き勝手言っても絶対に通じないので、相手の中にいろいろなものを積み上げていくうえに、「この方に何をつないだら分かってもらえるかな？」ってのを僕自身大事にしてます。そのような中で、やはり相手軸というような強いアンテナもいるのですが、そうやってつないで分かってもらうために、いろいろなものの教養、たとえば歴史上の人物っていうのもありましたし、なによりも皆さんが自分の経験をもとに話していただいたことで、僕自身、ああ、あんなこと小学校のときあったなと感じることができたんで、やはり、相手に納得してもらおうとするためにも、「幅の広いアンテナ」「きめの細かいアンテナ」がいるんじゃないかなと考えました。（菊池先生が言おうとして、魚住さんが止める。私にも言わせてほしいアピール）

菊池　：あ、すんません！（会場笑い）
魚住　：えっと、私は、みんなの考え方っていうか、考えていることとか思っていることとかに、アンテナを張るべきだと思います。じゃないと、反論もできないし、共感もできないし、相手を受け入れようとすることもできないじゃないですか。そういう姿勢があっても。だから、そういうところにアンテナを張るべきだと思いました。
元山　：「メモを取る」っていうことに、アンテナを張ればいいと思います。理由は、えっと、そちらの先生方が、
菊池　：こちらの？愛知県から来られてるんですよー！（会場笑い）
司会　：あの⁉　あの愛知県ですか⁉
菊池　：あの！先週広島で一緒でした。先々週愛知で一緒でした。ねぇ。一緒に暮らしてるみたいなもんですね。（会場笑い）

元山　：なんて言ってくださいましたっけ？ちょっと緊張して忘れ

たんですけど…。なんて言いましたっけ？アンテナを張るって言った時…。
参加者　：「方向性」？
元山　　：あ！そう。「方向性」！
　　　　　あの、メモを取らないと、この人はこうやって言っているからっていうことも考えられないと思うし、えっとー、言ってくださった…。
菊池　　：うどん県の方？（会場笑い）
元山　　：はい。うどん県の。なんて言ってくださいましたっけ？
参加者　：広いアンテナ？
元山　　：はい。広いアンテナ。ということで、いろいろなことが見えると思うんですよ。メモを取ると。
　　　　　その「方向」も「広い」とこにも視野を広げるっていうこともできないと思うので、「そもそも」が確かめられる「メモを取ること」が「アンテナを張る」ことにはとてもいいのではないかなと思いました。
佐竹　　：質問でもいいですか？
菊池　　：どうぞどうぞ。いいねぇ！質問がほしかったなー！
佐竹　　：えっと、私も厳しくしてほしいので厳しくなっちゃうと思うんですけど、あのたぶん前方の先生たちだと思うんですけど、「自分の言ったことを否定しない」？誰が言ってくだ…（虎谷先生が手を挙げる。ちなみに次のような意見であった。※「自分のことを絶対に否定しないという信頼関係があるということだと思います」佐竹さん確認してうなずく）それは、その、討論するときには、まず自分の考えたことに自問自答してから挑んだ方がいいと思うので、その「自分の言ったことを否定しない」っていうよりは、まぁたまに自分ことは否定して、それは違うんじゃないかって考えてからした方がいいと思うので、ちょっと「自分を否

178

　　　　　定しない」っていうのは、ちょっと違うんじゃないかなと
　　　　　思いました。(会場から笑い)それは、どう思いますか？(佐
　　　　　竹さん、終始笑顔で質問)
参加者：はい。ありがとうございます。あの、たぶん、私が言って
　　　　　いるのと、あなたが言っているのでは、レベルが違うと思
　　　　　うんですね。その、なぜかというと、私は私の学校の子ど
　　　　　もたちのことを思いながら、まず何が大事なのかなーって、
　　　　　今話し合いができていない状況の中で、話し合いに突入す
　　　　　るには何がいるかなーって考えてそれを言ったんですね。
　　　　　(佐竹さん相手の目を見てうなずきながら話を聞く)それ
　　　　　は、人と意見を区別するということにもつながると思うの
　　　　　ですが、なかなか、あの、大人も難しい問題で、否定をさ
　　　　　れると、自分の人格を否定されたと勘違いして、なかなか
　　　　　こう、いい話し合いにならないというか、実のある話し合
　　　　　いになれない状況なんです。まだ。それで、まずは、まず
　　　　　は、最初のステップとしては、自分のことを否定をしない、
　　　　　話し合いじゃなくて人間関係としてお互い認め合って、否
　　　　　定をしない人間関係、信頼関係があって、それから、あの、
　　　　　自己開示をしながら意見をもち、意見と人格を分けて考え
　　　　　れるようになったらいいのではないかと思って言いまし
　　　　　た。
佐竹　：ありがとうございます。(最後まで虎谷先生を見つめてお
　　　　　礼を言っていた)
司会　：佐竹さんは、まぁ難しいと思うんだけど、人と意見を区別
　　　　　するってできていると思います？
佐竹　：んー。今はあまり、討論を見てる側なので、あまり参加し
　　　　　てなくて、あ、参加はしてるけど、言わない、消極的になっ
　　　　　ているので…、一応、人と意見は区別してると思います。
司会　：上から鳥の目で見ているから、そういうふうに少しできて

ると感じるのかもしれないね。とてもいいなーと思いました。大人だね。びっくりしちゃった。（会場笑い）

参加者：司会者の方、すみません。あの、ちょっと話が先に進んでしまうかもしれないんですけど、（司会：進んでください）みなさんを見ていてとてもいいなーっと思っているのは、その人と意見を区別して、自分の意見に自信をもっているところ、そこに行くためには、すごく毎日努力をしたり、お友達と切磋琢磨して話をしているんだろうと思うのですが、やっぱり人間なので。感情がありますよね？で、あの、冷静にいようと思っていても、感情の波にやられちゃことってあると思うんです。そういうときに、どんなふうに冷静にしているのかなーっていうのを聞きたいと思いました。

魚住　：私が冷静になるためにしていることは、一回、自分がその、中心の方から一回外れて、一回だけ発言するのを止めて、自分の取ったメモとか見直して、あーこれはこういうことなんだなぁって、もう一度考え直したりしています。

菊池　：午前中話したあれですよね。自分の中での白熱ですね。今のは。そう。そうですよね。はい。

内川　：えっと、僕が冷静に話すために今していることは…。

菊池　：おう！

内川　：自分の意見を自問自答して強く深めていくことです。理由は、冷静になって話してないっていうのは、その言いたいこととか言っていいことに自信がないからだと思うんですよ。で、その自信をつけるためには、その意見を強くしないといけないんですよ。その強くするために、あの、自問自答をして、さっきうさぎのことで自問自答したように、なぜこうなのか？それはこうだからだ。じゃあなぜそう言

えるのか？ってどんどん深めていったらとても強い意見になるんですよ。で、そういうふうに深くしていったら、逆に言いやすくもなるんですね。そういうふうな言い方で、やっていたら、一番冷静になりやすいのは、自問自答をしたりすることです。

曾根﨑：私は、さっきの人たちと違ってとても単純なんですけど、深呼吸をすることです。討論とかをしていて顔が真っ赤とかになったときに、ふーって深呼吸したら、今体の中で白熱している熱みたいなのが飛んでいって、冷静な空気が入ってきて、でまたその空気が熱くなったら、深呼吸して入れ替えてっていうので、冷静さを保っています。

中村　：あの、自分がもし中心になったとしたら外れて、他の人の話し合いを見るんですよ。まぁ討論だとしたらその人たちの討論とか見て、客観的に見たらあーこの人もうちょっと冷静にこうしたらいいなーって分かるじゃないですか？で、初めに、一番初めにそれをするんですよ。そしたらそのくせが身に付いて、外に出なくても、客観的に、そこにいても客観的に見れるようになってくるので、私は初めにそうしました。

菊池　：斎藤孝先生がそうされるんですよね。あの、このグループで話し合う、周りでそれを見て、周りの者は口をはさめない。その客観的に見て、それでその後、替わるんですよね。一緒になってたら、その渦中にいたら見えないんですよね。それを、そういう場の設定をして、あの、自分たちの議論をふり返らせるっていうトレーニングもしてるんですよね。その状態を、自分でつくってるってことですよね。

元山　：私は、「考える」ってことに似ていて、あの、午前中にみんなが話してたように、先を読むってことで、あなたがこうしたことで、この討論がどう変わるのかっていうことと、

その先にあるSAとか超一流とかそういうふうにみんながどう変われるのかっていうことを考えると、今ここで私がこうやって言ってしまうと、議題の方向性が分からなくなっちゃって、崩れていってしまうんじゃないかな、無駄な時間を使ってしまうんじゃないかなってことを、いい意味で自分を、見捨てる。批判するっていうことを、気を付けています。

菊池 ：あーだから「メモ」なんだね。（元山「はい」）全体を俯瞰するために。なるほどねぇ。

村上 ：えっと、私は、冷静になるためにやることは、まず白熱してから、あ、色で表します。まず、赤くなるじゃないですか？白熱したら、そしたら一回、心を真っ白にするんですよ。そしてまた新しい、私だったら笑顔だとして、新しい笑顔だったら黄色で、真っ白になってるから、またいろんな色に染められるじゃないですか。真っ白は。だから、また笑顔だったら、笑顔の色の黄色に染めるとか、そのなんか、みんなにいろんな、虹色とか、あるわけじゃないですか。いろんな人には、だから、その色とかを自分で決めてから、こういう人になろうっていう、その先を考えて、考えるようにしています。

内川 ：さっきの話を聞いて思いついたんですけど、これも色で表しちゃうんですけど、例えば白熱して赤くなるじゃないですか、で、そのまま、違う色を足してしまったら、あの、元の色、例えば青だったとして、赤を何もしないままのせてしまったら、紫になるわけですよ。紫になるってことは、その、違うものになってしまうんですよ。自分から入れたものが。ってことは、まずは一回、あの、その赤を白にして青を入れなきゃ青にならないですよね。そういうふうにするのが切り替え。切り替えが、いいんじゃないかなと思

います。
武内　：私が冷静になるためには、自分をコントロールすることです。私は、ちょっと、白熱してしまったら、そのままずーっとしていて、友達に「落ち着きっ」とか「冷静になりっ」みたいな感じで言われないと、案外落ち着くことがないから、コントロールにしました。
岡田　：私は、いったん立ち止まることだと思いました。やっている途中にいったん立ち止まって輪を外れることによって、客観的に見れるということがあるからです。
杉森　：ほかの人と、似ていることになってしまうんですけど、そのー、白熱している中からいったん外れるということをしています。えーっと…。（考え込む）えっと、ちょっと…えー…すいません。忘れました。（子どもたち、だれも笑ったり、からかったりという空気がない。すぐに鶴君が切り返す）
鶴　　：ぼくが話し合いをするとき、冷静になるためってのは、こういう話をするときに「楽しむこと」だと思いました。なぜなら、こういうところで、あの、前がそうだったんですけど、今はこういうときに話すのが少し楽しいって思ってるんですけど、緊張していると、忘れるんで、言うことを。そういうときに、楽しんでいると、周りのことも見れて視野も広くなるので、そういう場面では、冷静になれるんじゃないかなとぼくは思いました。（さりげなく杉森君をフォローしてる。杉森君は、その間に考えをまとめている。鶴君、杉森君にマイクを渡す）
菊池　：お待たせしました。杉森君です。
杉森　：えっと、さっき言ったように、「輪から外れること」で。冷静になるってことは、あの、客観視するってことで、逆に客観視するためには、輪から外れないといけないので、えー、輪から外れることだと思います。

佐竹　：私は、冷静になるためには、一度、いい意味でシャットアウト。その場から自分をシャットアウトすることだと思います。そしてシャットアウトしたあとは、一度自分の世界に入って、自問自答をしていくことによって、これがどうだったのかっていう、考えていくことによって、冷静になれるんじゃないかなと思いました。

菊池　：あの、教室の中で、やっぱり白熱するときあるんですよ。時間になりますね。終わりますね。終わるときに…。（子どもたちに）ちょ、ちょっと、手空けてくれる？拍手ができるように。

で、必ず言います私。先生と同じこと言ってくださいね？いい？同じように言ってね。

あーやれやれ！（子どもたち「あーやれやれ！」）

こんな小学生見たことない！（子どもたち「こんな小学生見たことない！」）

立派な白熱ぶりだった！（子どもたち「立派な白熱ぶりだった！」）

最後は拍手で終わろうか！（子どもたち「最後は拍手で終わろうか！」）

ハイ！拍手〜！（子どもたち、拍手をする）

って！白熱した授業を終わります。（笑い）

2-3 対話で大切なもの（②交流）

DISC-2 chapter3

《休憩後》

司会　：これ、4つですね。「一人も見捨てない」ということ。ジョハリの窓のところ。あと、質問タイム。で、成長曲線というのがありますが、じゃあ、これを見て、これを見て、どんなことを気付きますか？

菊池　：あ、じゃあ元山さんに最初、「一人も見捨てない」を説明してもらいましょうか！

司会　：そうですね。じゃあ、お願いします。大きな拍手をお願いします！（拍手）

元山　：えっと、そもそも私が、「一人も見捨てない」を書いたきっかけが、このノートに書かれていて、成長ノートなんですけど、責任を果たしていないことについて、そもそも、あの「なぜなぜ思考」、「もしも…」って感じで考えてたんですけど、その「責任を果たしていないこと」っていうのは、その、まぁ私たちじゃないですか。例えばクラスで表すと。私たち生徒が責任を果たしていないことってのが大切だと思ったんですけど、その「責任を果たしていないこと」っていうことが、そもそもどうして大切なのかって考えて。自分が、あの、できていない人がいるじゃないですか？ちゃんと責任を果たすっていうことが。その人たちを変えていられないのは、私たちのせいっていうのがあって、そもそもそれ自体が責任を果たしていないことなんじゃないのかなって思ったんですよ。だったら、その、ここに書いているんですけど、2・6・②から逃げないっていうのは、②っ

ていうのは、ちょっと言っちゃ悪いんですけど、少し下の部分かな？っていう人。そういう人たちが、学校のルールっていうことを守れないっていうことを、私たちが変えさせてあげられる、あげたらいいんじゃないのかなって思ったんで、この人たちをいい意味で無視するってことをしないで、注意をしてあげたりして、「一人も見捨てず」に、みんなでWin-Win-Winの関係になって、成長できたらいいんじゃないのかなっていうのがあって、これを書きました。まず、ここに書いてある５つのことを説明するんですけど、「相手を好きになれる」っていうのは、ほめ言葉のシャワーとか質問タイムって、質問タイムは、相手の未知の部分があるじゃないですか。それを見つけ出せるから、相手のことを好きになれるし、あ、この人ってこういうことなんだなーっていうことが分かって、とても楽しい気持ちになると思うんですよ。実際私も質問タイムをしていつも楽しいし、あ、こういうので会話が弾みそうだなっていうことも思うので、相手を好きになれるってことが大切で、注意をしてあげるってことも大切だと思ったので、それを入れました。「２・６・②→から逃げない」は、先ほども説明したように、たとえできていない人がいても、自分たちがそういう雰囲気をつくってあげられないから、こういう人が多少出てくると思ったので、「一人も見捨てない」ってことは大切だと思ったので、これを書きました。で、「よむ」っていうのはたくさんあって、例えば空気を読むとか、字を読むとか、漢字は忘れちゃったんですけど、４つほど「よむ」にはあって、空気を読むとかは大切だと思ったので、これも入れました。そして、「責任を果たすことの大切さ」は、この成長ノートを見ればわかると思うんですけど、例えば、宿題を忘れている人がいたり、遅刻する人がいたり、

休憩時間にチャイムちょうどに帰ってこなかったり、掃除を真剣にしないってこと自体が、あの、できていないって人が、この「一人も見捨てない」っていう題名に対して、自分たちが注意してあげたり、自分も注意されないようにする努力が必要なわけだから、こういう、そもそもの大切なことがあるから書きました。で、「『誰が』を考えないでほしい」っていうのは、これを、この２・６・②のの部分を助けてあげられるのは、SAとか、超一流の人とか、上側の人なんじゃないかってクラスの何人かに言われたことがあるんですけど、それは違うと思って。例えば２・６・②の②の人でも、この②の中でもできてない人がいたら注意してあげられるっていうことで、この６の真ん中にだって行くと思うし、そこで成長ができると思うんですよ。だから、たとえば、ここのSAの人がやったとしても、６の人がやったとしても、②の人がやったとしても、その「誰が」やったとか考えないでほしいって意味で書きました。それで、ちょっと長くなるんですけど、ここに荷物が落ちてるとするじゃないですか。それを自分が無視して行って、他の人が拾って、拾うっていうのは、「自分がやらなくてもいいじゃん。それは自分の持ちものなんだから、ちゃんと管理してない人が悪い」って思うんじゃなくて、自分が拾ってあげて、ぽんって添えてあげるだけで、人は落としたって思わないし、持ち主も、安心するじゃないですか。だから、そういう「誰が」っていうことを考えないで、みんなが、みんなでSAに行くために「誰一人見捨てない」ってことが大切だと思ったので、私は、これを書きました。(会場から拍手)

司会 ：ありがとうございました。じゃあ、今、元山さんが説明してくれたことに対してでいきましょうか。今、元山さんが

「一人も見捨てない」ってことで一生懸命説明してくれたと思います。たぶん菊池学級の子どもたちも、あぁなるほどなぁと新しい発見とか再確認ができたんじゃないかなぁと思います。じゃあ、今出たことで、少し聞いてみたいこと、質問したいこと、たぶんあると思うんですよ。あ、ちょ、ちょっと待ってね。(誰かを手で制する)どうどうどう。じゃあ近くの人と、さっきの元山さんの話で、こんなこと聞いてみたいなーということをちょっと話して、質問することをつくり出してみましょうか。子どもたちも質問してかまいません。みんなでつくりましょう。みんなで考えていきましょう。ということで２〜３分くらい時間取りますね。近くの方と、話してみてください。（２分後）はい。それでは、たぶん、三分の一は手が挙がるだろう。いや。三分の二か？全員かー。はははははっ。じゃあ何か聞いてみたいなーという方は挙手をお願いします。あ、すごいですねー。すごいですねすごいですねー。よしじゃあ、まずは内川君。

内川　：さきほどの２・６・２の話で、２・６・２の一番上の２でも、あの、個人差があると思うんですよ。全員が同じ２じゃないと思うんですよ。２の中でも。それで２の中で一番下の人もいるじゃないですか。その人を２の一番上に上げることも「一人も見捨てない」のうちの一つだと思うんですけど、それをあなたは、その、書いた本人であるあなたはどうやって、その２の中で一番下の人を上げていきますか？

元山　：どういう方法で上に上げるかって話ですか？えっと、私は、普段から、まあ「注意をする」っていうことも大切だし、教えてもらった「行動すること」も大切だし、「あえて無

視する」ってことは基本的に好きじゃないから、しないんですけど、んー。ほかだったら、学校全体に例えるとかです。学校全体だったら、例えば委員会活動、「あなたがちゃんとしないことで学校全体が悪い雰囲気、雰囲気っていうか、分からない状況になったりするじゃないですか。1年生とか、ちゃんと放送しなかったりしたら。そういうふうに例えたり、学校を飛び出して、北九州市全体、福岡県全体、地球上全体、そういうふうに例えて、あの、やりたいと思います。

内川　：なるほど。ありがとうございます。

参加者：はい。先ほど、元山さんから世界、地球全体という話もあったんですが、やはり「一人も見捨てない」っていうのは、結局世界平和につながると思うんですよ。それについて、どういうところ、世界のどういうところを変えられると思いますか？

中村　：世界のどういうところを変えられるかっていうのがあったんですけど、まぁどういうところっていうのはあまりないと思うんですけど、その個人があるじゃないですか。一人ひとりの。その個人のいいところを残して、みんなが同じ目標に向かって、進むところに進んで、自分のやる仕事とか、そういう目標も、いろいろ目標があっていいと思うので、1つは世界で1つの目標をみんなで、進める目標をつくったら、変えられるのかなって思います。

参加者：ありがとうございます。

武内　：えっと、たぶん元山さんにしか答えられないと思うんですけど、そもそもなぜ、そこのホワイトボードに「一人も見捨てない」を書こうと思ったんですか？なぜ書いたんですか？

元山 ：えっと、私が今日、紙を持ってくるのを忘れて、ホワイトボードに書いてって言われたので書いたんですけど。（会場笑い）

武内 ：なぜ、2・6・2とか、相手を好きになれるとかも書いたんですか？

元山 ：分かりやすいとも考えたんですけど、もう1つは、これほんとは、黄色い紙に書いているのもあるんですけど、2・6・2から逃げないとかは書いてないんですよ。これは、つい最近気付けたことで、えっと、何で気付けたかというと、あの、下堂薗君は悪くなくて、今とってもいい方向に行ってるじゃないですか。それは、5年生のころの写真を見たりすると、なんか下堂薗君どうせ分からないからって言っている人を思い出したんですよ。それで、そういうのってよくないんじゃないかなって思ったのと、そういう人自体が、下堂薗君よりも下の人なんじゃないかなって思ったんですよ。だから、そういう人たちを変えられるのも私は、ある意味、下堂薗君だと思ったんですよ。下堂薗君が上にあがることでその人たちもそういうこと言わなくなるじゃないですか。だから、「2・6・2から逃げない」ってことが大切になってきたってことが分かったので書きました。（拍手）

菊池 ：あの、前半で「読む」ってのが出たんですよね。キーワードとして。やっぱり対話の本ってのを調べてみても、やっぱり「内容を読む」、「相手を読む」、「自分自身を読む」、もしかして「場を読む」ってのもあるかもしれないですけど、じゃあその「読む能力」ってのがすごく身に付いたんじゃないかと。そうなったときに、じゃあ1年間でどういった形で身に付けていったのかっていうふうに、たぶん後半戦議論が流れていくんじゃないかと私たちは思ったわけで

すよね。そのときに集団が、どう1年間で変わっていったか。だから、2・6・2が8・2になり、SAがでてきて集団が上がっていくと。たぶん後半はそのあたりにポイントが行くんじゃないかと。そうなると、鍵として「一人も見捨てない」っていう集団の徹底したその軸っていうのを外せないなってこともあって、まぁたまたま忘れたってのもあったんですけど、元山さんにあえて資料として1つ加えていただいたってわけですね。はい。どうぞ。

魚住　：えっと、元山さんが、「あえて無視する」っていうのはそんなに大切じゃないというか、みたいなことを、あんまり好きじゃないってことを言ってたんですけど、私は、「あえて無視する」というのは、ちょっと、ちょっと、大切だと思うんですよ。なんでかと言ったら、えっと、それは、あのー、そうやって無視されないことによって変わる人もいるけど…、そうじゃなくて…、「みんながどうせ私のことは見捨てないでくれるし、私が何かをしなくたって周りの人が上げてくれるんだからいいんじゃないか」っていう考え方の人も、いる、いるんですよね。そういう人って、一回、もう、なんか自分が悪いことをしても誰も、誰も注意してくれなかったら、もう、「あっ、私が変わるしかないんだな」って思うこともあるじゃないですか。だから、そういうときに、大事だと思うんですけど、そこはどう思いますか？

元山　：えっと、私は、あの、魚住さんのを聞いてもやっぱり無視する、いい意味で無視するっていうことはやっぱり良くないんじゃないかなって思った理由は、今聞いて余計に思ったんですけど、あのー、まぁ私自身も前は多少悪かったっていうか、まぁ、成長しようと思うきっかけがあったわけですから、自分のことが、自分が悪かったわけじゃないで

すか。だけど、そのときに周りから無視されると悲しいじゃな…、悲しかったんですよね。あの、5年生の頃にみんなが成長みたいなことを気にしだして、私は興味ないじゃないですか。だからみんなと違うところにいるっていうこと自体が悲しかったんですよ。だから、たぶん同じ気持ちがするんじゃないかなって思ったんですよ。それ…だけど私は、そこで気付いたんじゃなくて、みんなに教えてもらうことで自分で気付けたから、それは、私の経験だから、魚住さんと私の解釈の違いだと思うんですけど…。はい。だから私は、「いい意味で無視すること」はあまりよくないんじゃないかなと…。

魚住　：元山さんみたいに、元は、すごい、いいじゃないですか!?元山さんは。だから今ここまで来れてるんですよね？で、そういう元が、すっごいいい、いいけど、周りの環境によって、少しねじれてしまった人と、ちょっと…、もともと…。言ったらちょっと、なんか、ちょっと悪いですけど、元があんまりよくないっていうか、元からなんか、そういう悪いことするのがかっこいいとかそういうふうに思ってる人には、元山さんみたいに、そういう安心感から成長…、元山さんや内川君みたいに安心感から成長できるタイプと、ちょっと、ちょっと見放されてやっと気付くタイプっていうのがいると思うんで、それによって使い分けて、使い分けるって言い方おかしいんですけど、そうしたらいいと思うんですけど…。

元山　：えっと私は、そもそも成長したあとに、結構みんなに「元山さんはリーダーシップ取れるからいいねー」とかよく言われるんですけど、あの…、どうしてリーダーシップを取るかってそもそもいうと、あの、みんなを上に引っ張ってあげたいっていうのがあるんですね。だから私の責任って

いう一つであるのが、みんなに注意とか、いい意味で無視しないで注意とかをちゃんとして、それで上げるっていうのは私の責任でもあるから、そこの軸は、なかなか誰に言われても変えちゃいけないなと思ってるし。だから…、はい。いい意味で無視するのは…。はい。

魚住　：えっと、元山さんみたいに、リーダーシップを取ることは、私もすごいいいと思うんですよ。でも、でも、あの…、「金魚のフンになっている人」は、自分が「金魚のフンになっている」ということを、気付ける人もいるし、気付けない人もいるじゃないですか。だから、「自分は２・６・２にしても、私は２じゃなくてせいぜい６くらいだろう」って思っている人もいるんですよ。でも、みんなが、ほんとうに「かわいそうじゃない？」って注意するのは、みんな注意するじゃないですか。そしたら、ちょっと注意されるけど、私は別に普通じゃんとか、そういうふうに思って、自分が金魚のフンとか２であることに、その下の方の２であることに気付かないことがあると思うので、あえてもう、一度、「もうあなた、私たちもう…離れたらやってあげられることもないし、今あなたが変わらないんだったら、もう私たちは何もすることができないよ」っていうのを示す必要があると思うんですけど、そこについては…。

元山　：えっと、２回目の質問と少しつなげるんですけど、元からもっている性質？みたいなことを魚住さん言ってたじゃないですか？そういうのは自分でも分からないと思うし、私からしたら魚住さんとか、内川君とか、６-１全員、あ、学校全体。ほんと全員が、そういう質をもっていると思うんですよ。でも自分はあるっていうのは気付けないから、例えば魚住さんが私に、あの、質があるって思ってくれるのは嬉しいんですけど、自分で自分が質があるっていうの

は、私は別に、それは自己開示とか関係なく気付けないんですよね。だから、みんな質があると思うんですよ。本当に。そういうのは関係ないと思うし、うん…。思います。
魚住　：（またさっとまっすぐに腕を伸ばしてマイクを受け取るが、司会の動きを察して着席）
司会　：はい。あのー、つ・づ・くということで。（2人とも笑う）
菊池　：いやあの、12歳でもそれぞれね、人生背負って、今の考え方とか思い方、とらえ方があるってことですよね。あの、いい意味で、ほんとに、畏敬の念じゃないけれど、あぁ12歳。子どもじゃなくて人間ですね。ほんとにそう思いました！大きな拍手を送りたい！（会場から拍手）
司会　：こういうことを教室で、子ども同士でできるっていうのは、やっぱり、「子ども」を育てる、じゃなくて、「人」を育てることだなーと思いましたね。
内川　：ちょっと、下手な絵で表したんですけど、この群れてる2、3人の人たちと、1人の人で、えっと、今この3人が言ってることは、ろくな理由もない、あのーなんか雑音のような、あの、悪口みたいなことを言うんですけど、で、あのまず1つ聞くんですけど、こっちの3人の方とこっちの1人。どちらの方が成長してると思いますか？
元山　：1人。
魚住　：私は1人の方だと思います。
内川　：ですよね？で、あの、なぜこの3人の人はそう言うかというと、あの、この1人の人が、自分たちよりも上ってことをもう認めちゃってて、でもその、認めるのが嫌で、なんとかして下げようとして悪口を言ってるんですね。実際あの僕の昔のやつもそうだったんですけど。で、あの、それだったら、今、もしこの1人が元山さんだとします。この3人は誰でもいいですけど、そうやってだれかを、元山さ

んを雑音でもうワーワーワーワー言ってるとします。で、もしそういうことを言われたら、あなたはなんて返しますか？実際に言ってみてください。

元山 ：実際にですか？（少し考え込む）…結局何が言いたいの？って言います。（会場からあーの声）
静まり返りません？討論会でも、意見からだんだんずれていくとするじゃないですか。あなたたちは結局何が言いたいんですか？って言ったら、答えられませんね？で終わるんですよ。ディベートって。だから、「何が言いたいですか？」って聞きます。

内川 ：ありがとうございます。（納得したようにおじぎをして着席）（二人に会場から拍手）

菊池 ：あの、いいけんかの仕方ですよね。立証責任こっち（悪口言った側）にあるわけですから。
ねぇ。それを言わない限りは理由はないということですもんね。大したもんだ。深い。

司会 ：えー、どうですかね。大人チームも負けてられないです。あ、お願いします。

参加者：たぶん最初から、みなさんは、まぁいいものたくさんもってたけど、集団によって、仲間の力によってここまで、もうほとんど SA じゃないかなって思うんですけど一人ひとりが。でですね…、菊池先生のクラスに入ってからの大きな変化等あったと思うし成長もしたと思うんだけど、このあたりで私は変わったなっていうところがあったんなら、そこを、たぶんいろんな先生方が知りたいみたいなんですよ。そこの、変化ですね！最初からこうではなかったと思

うんです。で、実は先生たちも多くが、今ほんとにね、いろんな生徒の、子どもさんを前に、どうしていいか、先ほどみたいに、元山さんみたいにパシッと言える生徒がみんなならいいんだけど、そうではないんです。今現状が。で、今こうやってみなさん来てらっしゃると思うんで、みなさんが、この、はっきりは分からないかもしれませんが、このあたりで、ま、こういうことがきっかけ、あるいはこういうようなところで私は変わって来たなってところをお一人お一人お聞き願えればと思うんですけど…。

司会　：ちょっとだけ、考える時間をとってもいいですか？えっとー。

菊池　：いる？（もう何人も手が挙がっている）

内川　：いりません。（会場笑い）

司会　：いける？

曾根﨑：えっと、私は、プレッシャーが大きくなったことです。えっと、前までは私は結構まじめな方で、で、結構1、2年生とか3、4年生の頃は、発表をたくさんしていたんですよ。で、5年生になって、菊池先生に会ってから、成長する人が増えて、先生の出す問題みたいなのも難しくなって、発表する回数が少なくなったんですよね。それで、このままの自分でいいのかなーって思って、逆にプレッシャーがかかって、これから頑張ろうってなって気持ちが大きく成長しました。（拍手）

菊池　：もしかしたら、知識理解を問う、何年ですか？誰ですか？っていうようなところは真面目な子はいくわけですよ。でもそういう問いではない。絶対解を問うていくっていう授業じゃなくて、考え続けるっていう授業になると、もしかしたら、彼女のような真面目な子は一回、今本人が言ったよ

うな変遷を辿るのかもしれないですね。それに気付いて、もういっぺん立て直そうとしてる、立て直してるってところが、彼女のまた一段と素晴らしいところじゃないかと思いますね。

内川 ：えっと、ぼくは、あの、5年生の6月20日だったと思うんですけど、（会場驚きの声＆拍手）テレビ番組かなんかで、あの、ポジティブとネガティブのことについて言ってたんですよ。で、ポジティブとネガティブの由来が、あの、写真のポジとネガだったって言ってたんですよ。そのときに、ポジって普通にカメラで撮ったようなそのままの色ですよね。で、ネガっていうのは色が暗くなったようなやつで、ぼくはそれを見て、ネガの写真がとても醜く見えたんですよ。でその醜—いと思ってて、で、そしたら、ネガティブはそのネガから出てきたってことは、ネガティブもそれと同じように醜いんじゃないかって思って。そしたらポジティブになったら醜くなくなるんじゃないかと思って、ポジティブになろうと努力して、で、そのポジティブからどんどん、ポジティブだったから、あのーなんですか、悪口とかもいいふうに考えたりして、で、それで、どんどん成長できていったのかなと思います。（拍手）

菊池 ：回路がつながるってシーンがあるんでしょうね。自分の中の回路が、逆に。ね。

鶴 ：ほめ言葉のシャワーってのもあるんですけど、11月のやまなしの討論をした後に、菊池先生に国語の時間にほめられたことです。えっと、やまなしで、ぼくが感想で一人の方がねらわれやすいから楽しいって書いたときに、先生がそれをみんなの前で発表してくれて、それでほめてくれた

んですよ。そういうとこでみんなが共感してくれて、そういう場所で自分に自信がついたから、こういう場でも発表できるようになって、成長したのかなと思いました。(拍手)

菊池　：意見が分かれるときに、自分だけがその立場になることがあると。そうすると周りから集中砲火浴びるわけですよね。先ほどのあえてやってくれた岡田君みたいに。でもそれっていうのが一番成長するんじゃないかっていうようなことを書いていたので、私がそれを取り上げて、こういう考え方って立派だねってほめたんだと思いますね。はい。

岡田　：あの5年の頃に、井上先生、後ろにいる、先生から、最初ぼく姿勢のこととか言われてたんですけど、まったく意味が分からなくて、ちょっと嫌だったんですけど、あの、「ミラーの法則」っていう話をしてもらったときに、自分が笑顔だったら相手も笑顔になるみたいな、そういうミラーの法則を教えてもらったときに、ぼくがしっかりとした姿勢を取らないと、みんながだめになるとか、その自分、周りのことをそれで考えるようになり始めたのがきっかけです。(拍手)

魚住　：私のきっかけは、5年生のときに、私も井上先生のクラスだったんですけど、井上先生がすごい明るくて、なんか、結構人気もあって面白かったんですよ。それとか菊池先生と一緒に価値語とかも教えてくれて、それでは、4年生くらいまでは、ちょっと、あの、双子のお姉ちゃんがいるんですけど、そのお姉ちゃんがすごい頭良くて、で可愛くて、めっちゃいいとこいっぱいあり過ぎて、で私は、あの、勝てないんじゃないかなと思って、(何かをこらえるようにして唇をかむ)なんか、あきらめ…て…いて、それ、それ

で…、井上先生と、菊池先生を見てたら、なんか、勉強とかで勝てなくても、明るさとか、…そういう部分で、いつかは勝てるんじゃないかって思って…、あのー、（言葉をしぼりだすようにして胸の前で手を動かす）前半の方でも言った、一日一善とか、いいこととかしたりとか、もっと社交的に、振る舞ってみたりとかして、自分を変えようと思って、それが…なんか…、きっかけになりました。（大きな拍手）

村上　：（魚住さんに拍手を送ってからしゃべり始める）えーっと、私のきっかけは、自分がどれだけ下か分かったことです。えっと、最初にこの成長曲線を描いてるうちに、その先生が、相手も自分もみんなも大好きにならなきゃSAに行けない、なれないっていうことを言ってくれたんですよ。それで、そんなことも私は分かんなかったんですよ。その時は何を言ってるのかっていうのは。でも、その時に、自分がどれだけ下で、その、なんか、みんなみたいに、成長したっていうことをはっきりと証明できていないんですよ、私は…。だからその、これからその成長曲線も見て、自分の目標をもつことがまず一番大事だから、そんな私が、私の目標は、素直なAのバケツになって、なんでも受け入れるっていう、その目標なので、その目標をまず立てたのが、きっかけです。（拍手）

佐竹　：えっと私は、6-1のおかげだと思っています。理由は、その、何人かの先生にも話したんですけど、質問タイムでも言ったんですけど、私はネガティブになったんですよ。6-1になって。それは、みんなが上の方に早く行ってしまったから、置いていかれるんじゃないかっていう不安が

あって（涙をこらえながら、前を向いて話し続ける）、……。それに打ち勝つことができなかったけど、その、このあいだ質問タイムをしたときに、みんなの感想が、すごい励ましてくれる。（涙がこぼれるが、話し続ける）で…、時間もすごく長かったけれど、みんなが、温かい空気をつくってくれて、だから…！6、まぁざっくり言うと、6－1のせいでネガティブになり…（涙が頬をつたう）、6－1のおかげでポジティブになった…っていうこと…です！（笑顔で座る。大きな拍手が起こる）

（佐竹さんに笑顔で拍手を送ってから、中村さんが話し始める）

中村　：えっと私は、その、いつ自分がきっかけっていうのはあんま分からないんですけど、自分を嫌いになったとき、です。えっとまぁ、ほかの人に憧れるっていうのもあったんですけど、自分が、消極的で、あの積極的な人を見て、この人みたいになりたいなーって思ってたんですよ。で、あの、菊池先生の授業とかでも出てきた野口さんの方だったんですよ。それで、私が、ちびまる子ちゃんのときに言ったことは、4年生のときに元山さんと、田口さんと、つるんでたっていうか、まぁちょっと一緒にいたんですけど、そのときは、まだ悪かったんですよ。どっちかっていうとBだったんですよ。でも、そのときの元山さんと田口さんは、明るく接してくれて、私が沈んだときも、どっちかっていうと元山さんは、ポジティブに考えて、ネガティブ、嫌なことがあったときも励ましてくれるような存在で、そこで私がまず、上のまる子ちゃんの明るい方に行って、5年になって、ダンスを始めたんですよ。野中さんって女の子が誘ってくれて。で、ダンスっていうのは、結構あの、チャラチャ

ラ見えるじゃないですか。ヒップホップとか見てても。でも、そのダンスっていうのは、チームワークも必要だし、一生懸命、あの、私だって、先生に言われてあー嫌だなーって思うこともあるんですけど、それでも汗流してめっちゃ、めっちゃじゃないけど、がんばってやるんですよ。ダンスとかって。で、そのダンスって礼儀も大切なんですよ。あの、先輩とかいるじゃないですか、ダンスの先輩にも、絶対終わったらお疲れ様ですとかいう言葉は忘れないし、しかも、ダンスが一番積極的になれると私は思います。その、積極的になれるのは、発表会っていうのがあるんですけど、それに出るんですよ。そしたら、自分の親だけじゃなくて違う親も、親御さんもいるんですよ。で、あとは、そこの違うチームの人とも仲良くなれるし、みんなの前で発表できるのもダンスのおかげだし、元山さんや田口さんのおかげでもあるなーと思います。(拍手)

元山　：えっと、私が成長しようと思ったきっかけは、4月の初め頃に、まぁちょっと悪いことして菊池先生に怒られたんですよ。それで、ほかの先生のときだったら、あの、「あなたが悪いんでしょ、誰が悪いの？」って聞かれて、「あーまた私が悪いんだー」、「どうせ私が悪いんでしょ」みたいな感じで思ってたんですけど、先生に怒られたときに、先生はいい意味で周りを巻き込んで怒るんですよね。その、どう悪かったっていうのを、ほかの人からも聞かせてくれるんですけど、そういうので自分は、あ、こう思われてたんだっていうことに気付けて、こういうのが悪かったんだっていうのに気付けたんですよね。それで、今考えたらちょっと悪い考えなのかもしれないんですけど、それで成長できたっていうのが、周りが変われば自分も変われるん

だって思ったんですよね。
　それで、だったら、自分も「一人も見捨てない」に少しつなげるんですけど、私が変わって、みんなが変わればいいなって思ったのがあって、そこで先生に怒られたときには、ほんとうだったら、さっき言ったみたいな感情だったと思うんですけど、みんなに言われて、ああ私もちゃんとして、元山さんみたいな人になりたいって逆に思われるようになろうって言って、少し悔しくなったので、それでそこから成長しようと思って、今、があります。（拍手）

武内　：5年1組のときに初めて菊池先生のクラスになって、まぁ言っちゃ悪いんですけど菊池先生は話が長くて、（会場爆笑）あの、その一初めは、こいつはおばさんみたいに話が長いみたいな。そういう感じに印象が残ってしまってたんですよ。そのときは全然人の話を聞きませんでした。5年1組の理科の実験のときだったと思うんですけど、私は、なんも発表をしないみたいな、理科の実験の結果を発表するのに、あの、班の中で、話し合いとかも聞いてなくて、先生に、「武内さん、ではこれを発表してください」みたいな感じで言われて、発表ができませんでした。そしてそのとき泣いてしまいました。けど、そしたら、出席者じゃなく参加者になろう、みたいな感じに、思いました。（拍手）

杉森　：僕が成長したきっかけは、討論だと思います。4年生とかまでの自分は、あの、全部どうでもいいみたいな感じで、生きてなかった、みたいな感じ（会場笑い）だったんで。でも討論とかで、白熱したりほかの人の意見に耳を傾けたりすることができて、えっと、「自分らしい」っていうのを学んで、成長できたと思います。

司会　：ありがとうございました。あの、成長のきっかけ、理由っていうのは、やっぱり子どもたちそれぞれだなぁと思います。でも、一人ひとりに寄り添って、しっかりと、あぁなぜこのような姿になったのかっていうのをこの時期にふり返るっていうのは、とってもとっても大切なことだなぁと聞いてて思いました。あらためて、頑張ってこうやって語ってくれた子どもたちに大きな拍手をお願いしまーす！（会場から拍手）

司会　：えー、もうすぐ終わりが近づいてきました。あと、学校に行けるのも8回ですね。もう1ケタですね。子どもたち、それで終わるんじゃなくて、そこから先があるわけで。未来に向かってがんばっていってくれるというふうにぼくも思うし、みなさんもたぶん信じてるし、自分自身も信じてるはずだと思います。この先の未来、どんなふうな自分になりたいですか？夢。そうですね。それでもいいと思います。どんなふうな自分になっていたいか。なりますか？考える時間いる？（子どもたち「いりませーん！」笑い）

菊池　：「いる？」って言ったら、「いらない」ってのがお約束です。

司会　：そうですよね。ではどうぞ。

内川　：えっと、結論は最後に言うんですけど、中学の説明会のときに、ちょっと聞いた人もいると思うんですけど、ぼくが国語の模擬授業に行ったら、あのー、音読をするときに、1、2、3、4号車まであって、ぼくたちは3号目くらいの場所が小倉中央小学校が一番多いところで、で、そこで固まっていて、そのとき分かったのが、ほかの3列には多くの小学校からの小学生が10人×3で30人くらいいたんです

けど、で、その中でぼくの声の10分の1にも当たらないくらい小さい声だったんですよ。そういうのを見て、ちょっと情けないと思って、普通の、この声が普通だと思ってたので、ちっちゃいなーと思って、もうこうなったらこの声大きくしないといけないなーと思って、そういうことで、ほかの人の声を大きくできるような、自信をつけられるような人になりたいです。なります！

鶴　：えっと、ぼくは、人のいいところを取り入れて、そのいいところを使って、その、あのまだ下というか、人を引っ張っていけるような人になりたいです。理由は、内川君や岡田君みたいな面白さがあったり、井上先生のように自己開示力があったり、菊池先生のような話の上手さというか、そういういいところを、一人ひとりのいいところを取り入れたら、もうすごいことにもなるし、そういういいところを使って、人を引っ張って、まだ自分は、人を引っ張っていけるほどの成長はしているかどうか分からないんで、そういう人のいいところを取り入れて、引っ張っていけるような自分になります。

曾根﨑：私は、自分らしさを大切に、周りを引っ張っていきたいと思いました。内川君の模擬授業、中学校の説明会と同じになるんですけど、音読をするときに、私たちが3号車で、4号車の人は、最初声小さかったのに、私たちが大きい声で発表した後に、少し声が大きくなっていたんですよ。だからそうやって自分たちが自分らしさを出すことで、相手がちゃんとやってくれるなら、いつでも自分らしさを大切にして、周りを成長させていきたいなと思いました。

杉森　：ぼくは、さっき誰かに言ったんですけど、口火を切れるようになりたい。最初に言えるようになりたいんですけど、まぁ小さな目標なんですけど、えっと、さっき、発表するときに理由を忘れちゃって一回座っちゃったじゃないですか。そういうので、まぁあとで立ち上がったっていうことで誰かにほめられたんですけど、それじゃあまだ足りないって思って、足りないって思ったので、口火を切れるようになりたいと、思いました。

武内　：私は、なんでもかんでも細部にこだわれるようになりたいです。質問でも、なぜこうなるかはすぐに聞いたり、えっと、ほめ言葉でも、えっと…例えば文章を書いていました。その…ということを、その内容、中身、文章の内容を言うように、とかになります。卒業までには、絶対になりたいです。

菊池　：発表のときに、声が大きかったです、姿勢がよかったですというようなコメントを述べるんではなくて、その内容自体の質の高さとか、意味の大きさ・深さみたいなものが、コメントとして言えるようになりたいってことですよね。

岡田　：私は、中学生になったら生徒会とか、その、部活とかがあるので、目立てる場があるので、そこで私が少しみんなに聞いてもらえるような話し方とか、そういうことをできる場が広がるので、挑戦してみたいと思います。

魚住　：私は、受験をしたので、小倉中央小学校の友達がいないんですよ。中学校に行って、だから、もし困ったこととか、例えばおっきな壁があったとしても、周りに、元からの私

を知っていて頼れるという人が双子の姉以外いないんです。でも、双子は、クラス離されちゃうじゃないですか。それで、頼れる人っていうのが限られるんですよ。その先にできた友達だって、すぐには頼れないじゃないですか。だから、私は、困難があったとしても、すごい難しいことがあったとしても、納豆の10倍くらい粘っていきたいと思いました。

村上　：えっと、私は、「成長し続ける自分」になりたいと思いました。一番最初の「春」っていったら何が思いつくっていうので中村さんが、春は新しい成長のスタートだって言ってくれたんですよ。だから、それがきっかけで、私も卒業したから成長は終わりじゃなくて、卒業したからこそ成長するっていうことを目標にしていきたいなと思いました。

佐竹　：私は、「責任ある積極性」になりたいと思います。今は消極性なので中学校に行ったらやっぱり、私が行くところはすごく人数が多くて、小倉中央小学校の人はあまり、10何人しか行かないんですよ。だから、新しい友達がたくさんできるわけだから、積極的になって、もっと自己開示をして、自分のことを知ってもらった上で、たくさんの友達をつくっていきたいなと思うので、責任ある積極性になりたいと思います。

元山　：私は、小学校1年生になる前の保育園の子が言うみたいになっちゃうんですけど、なんにでも一番になりたいです。えっと、なんで、あえてなんですけど、どうしてあえて価値語を使わないかというと、私も魚住さんのように中学校が一人なんですけど、その成長とかじゃなくて、成長って

まぁざっくりと表せば、ほんとは深いものなんですけど、態度とかじゃないですか、相手との。そういうものとかなんで、全部自分でそういうのを成長成長とか言わなくて、頭の中で考えられるようになって、一人だけでも行けるようになりたいので、勉強でも、そういう態度とかでも、内面的にでも、全てに対して一番になれるようになりたいです。

中村　：えっと私は、感謝できる人、される人になりたいです。あんまり、中学校とは関係ないんですけど、私はすごく、どっちかっていうとおばあちゃんっ子なんですよ。で、ほぼすべて、おばあちゃんにしてもらってるんですけど、そのおばあちゃんは、いつか、あの、悲しいことになっちゃうんですけど、いつかいなくなっちゃうじゃないですか。だから、えっと、今は、私がおばあちゃんに感謝する方で、だから、もう20歳になってもいつまでもおばあちゃんに感謝し続けたいっていうのと、それと、まぁおばあちゃんは、私にする方じゃないですか。だから、そんな利益はないじゃないですか。でも、それで、逆に私が感謝して、私がいてよかったなって思われるようになりたいなって思って、それは、おばあちゃんだけじゃなくて、違う、これから出会っていく人にも、そういうふうになっていきたいなと思います。

菊池　　：いやあ、参った参った！
子どもたち：いやあ、参った参った！
菊池　　：こんな小学生見たことない！
子どもたち：こんな小学生見たことない！
菊池　　：もうすぐあゆみ（通知表）をつけないと！

子どもたち：もうすぐあゆみをつけないと！
　　菊池　　　：いけないんだけど！
　　子どもたち：いけないんだけど！（子どもも会場も笑い）
　　菊池　　　：いい点付きますよ！
　　子どもたち：いい点付きますよ！
　　菊池　　　：やったー！
　　子どもたち：やったー！
　　菊池　　　：ハイ！拍手！
　　　　　　　　（会場中から拍手）

２−４　グループ対話

DISC-2 chapter4

《子どもたちへの質問タイム（ワールドカフェ風)》
参加者：…改めて、３人は、教室の中に厳しさっていうものは、どういう部分でこういうときに厳しさが必要だとか、あるいは、厳しさはこういうことのために必要なんじゃないかとか、「厳しさ」ってことをキーワードにして、ちょっと、どんなふうに考えているのかなっていうのを教えてほしいんですけど。
佐竹　：「厳しさ」がないと…、引っ張ってあげることもできないし……。やっぱり、あの、ファザー、マザー、チャイルドの中では、ファザー、ファザーが一番厳しいんですけど、そのみんなが、ファザーに入っちゃう。入れるような…。厳しさを求めるんですよ。みなさん。成長するためには。だからやっぱり必要…かな。成長するためには。なんか、背中バンって叩いてもらえるような…感じ。（自分の言葉

に納得するように数回うなずく）
元山　：えっと、私は、厳しくするってことで自分をほかの位置から見えるようになるから、厳しさはとても大切なことだと思います。なんでかって言ったら、例えば今中村さんを私が注意したとして、注意しすぎたり、ちょっと厳しくしすぎたことで、あ、でもこの人に注意してるけど自分はできているのかなって疑問がここに出てくるじゃないですか。（隣で中村さんが共感するようになんどもうなずく）だったらこれはどうなんだろう。これはどうなんだろうっていう、どんどん考えることができるので、自分もできるし相手も成長できるってことがあるので、「厳しさ」は大切だと思います。
中村　：私が思うに、「厳しさ」っていうのは、ほんとに、ないといけないものだと思います。まぁ、注意して、その人にバンバンバンバン言うじゃないですか。厳しく。まぁそれもいいんですけど、それにあのさっき、ファザー、マザー、チャイルドってのが出てきたように、面白さを取り入れたりとか、まぁ、例えば菊池先生みたいな厳しいけど面白くて、例えとかもすごく分かりやすくて、そういう、面白いけど厳しい、厳しいけど面白い、で時々優しくしてくれてっていう存在が、クラスとかにあると、すごくいいのかなと私は思います。
参加者：なるほど。じゃあ、厳しさに添えるとしたら何を添えますか？
佐竹　：うーん。優しさ。
元山　：優しさだと思います。逆に考えたら、厳しさ＋厳しさかもしれません。厳しくして、さっきの疑問をもっともっと追及するために、自分に厳しくして考えることができるから、もっともっと厳しくして、Win-Winの関係に。

参加者：なんで、もっと知りたいとか、このクラスで頑張りたいとか、そういうふうに思えたんかな？

元山　：「教室は家族だ」っていう言葉が私は好きで。家族の中って素を見せられるじゃないですか？で、学校で表すと、教室の中だけで、例えばそれが学年全体なら学年に負担がかかるし、学校全体なら、今度は学校に迷惑がかかるじゃないですか。だけど教室は素を出して例えばリーダーシップをしてさっきみたいに厳しさを言いすぎるっていうことは悪いっていうことにも気付けるし、えっと自分が悪いっていうところを素直に言ってくれるし、相手のいいところを自分が言っても例えば上から目線過ぎるとか、そういうちょっとした話題とかがなくなると思うんですよね。だから、教室っていうこと自体が大切だと思いました。素直に行動できるから。

（中村さん、佐竹さんを気遣い、のぞき込む。「じゃあ、私言うね」）

中村　：私は、まず教室の一人ひとりがみんなを好きか嫌いかっていうのがあるじゃないですか。この人好かん！とかこの人好き！とか、あるじゃないですか？で、私ももちろん人間だから、この人ほんとは、好きやないなーっていうのがあったんですけど、でも、もしその人を嫌いってなっても、意味ないじゃないですか、何も進まないじゃないですか、物事とか。自分がやることも行動とかも制限されるじゃないですか。だから、その人のことを、その人にも個人があるから、その人を分かって、好きになろう、っていうのがありました。だから、なんていうんだろうな、嫌いって思うんじゃなくて、強制的に自分にこの人は好きだよって思い込ませるんですよ。そしたら、自然にその人を分かっていっ

　　　　て、説明書じゃないですけど、その人の取扱書じゃないですけど、相手に対する対応の仕方っていうのがどんどん自分にまじわってきて、はい、きます。だから、それで教室も和むし、みんなで取り組んでいくことがどんどんできるんじゃないかなーと私は思います。

佐竹　：すいません、緊張してて、質問の内容がぽかぁんとなっちゃって…、簡単にもう一度お願いします。（相手の目を見てジェスチャー付きでお願いする）

参加者：相手のことを、大切にしようってすごく思ってると思うんだけど、そう思えるようになったのは、どうして？

佐竹　：うーん。相手のことを知ろうと思ったから。

参加者：知りたいと思ったの？

佐竹　：（うなずく）やっぱり知って、自分に取り入れる。いいところは、相手のことを知って、で、その人のいいところは自分に取り入れて、自分のことも知ってもらって、Win-Win-Win の関係になりたいなって思ってるんです。

参加者：3人が言ってくれたことって、そういうことを知って、例えば相手を知ってもっと取り入れたいなーとか…うーん、って思えるようになったのは、自然と？このクラスにいて、このクラスが居心地が良かったから？それとも、そうすることで、みんなで何かをして楽しかったとか、嬉しかったとかいう経験ができたから、そう思えたのかな？

元山　：ほめ言葉のシャワーをして、私のいいところを見つけてくれるから、それで安心感がもてたみたいな。そういうことからです。

中村　：なんか、もともと2・6・2の下の人って、ほかの人と一緒じゃなきゃだめじゃないですか。群れだから。だからそう考えると、もし自分もそういう安心感が必要で、この人が私のことを分かってくれてるみたいな、ものだったら、

みんな一緒じゃん、いい方向での安心感が生まれるみたいな。
司会　：はい。時間になったので、ありがとうございました。子どもたちはそこに残ってくださいね。
　　　　ありがとうございましたー！
中村　：ありがとうございました。（ほほえんでおじぎをする）
元山　：ありがとうございました。（全員でお礼を言い合う）

魚住　：（カメラマンに向かって）背が足りないのでジャンプしてます。
　　　　（イラストの看板を両手に掲げてアピールしている。）
参加者：自分のことを話したい！っていう、すごく言いたがりが多かったじゃないですか。
　　　　いつからそうなったんですか？何がきっかけでそうなったんですか？
魚住　：えっと、私が、自分のことを話したいなって思ったのは、5年生からそういうのはあったんですけど、6年生になって、私は、菊池学級の子がなんか学力とかの差もあるんですけど、菊池学級の子が、ちょっと、多いというか、少し多いクラスに入ったんですよ。それで、周りの人たちが自己紹介のときとかもすごい私はこんな人なんだよってアピールしてるのを見て、なんか…ちょっと、悔しいっていうか、なんで、なんか私だけ話せないっていうのは、嫌だなと思って、なんかそれで火がつきました。
村上　：えーっと、私はそんな悔しいとかはなくて、前までは私は自慢される側だったんですよ。で、聞いてるうちに、自慢している人たちの顔っていうか、目がすごく輝いていたから、私も自慢、人並みになって輝いてみたいなって思って、自慢っていうか、人にすぐ話しかけるようになりました。

魚住　：看板つくるね。
村上　：(笑って)いいよ。
魚住　：人が来ない。アピールしなくちゃ。
参加者：すいません！アドバイスもらっていいすか？
2人　：はい！
参加者：なかなか自己開示できてないと自分では思ってます。なかなか自分のことをさらけ出さない。まぁ恥ずかしいであったりだとか、ちょっとした変なプライドがあったりとかすると思うんですけど、その、自己開示をよくする方法だったりヒントだったりとか、お願いします！
魚住　：えっと、私は、自己開示をよりするためとかは、やっぱり、私も初めは、なんかダンスするのも恥ずかしいとか周りの人が「何あいつやってんの？」みたいな、そういう感じになるんじゃないか、冷たい雰囲気になるんじゃないかっていうのを思ってて。でもそれって、実際何かしないと相手の反応なんか分かんないじゃないですか。自分が、それって自分が勝手に妄想してるんですよ。だから、で、その妄想って自分で思ってるからなかなか消せないから、消そうと思っても消せないから、だから、一度、少しでいいから自分のことを話してみると、冷たい反応する人もいるけど、温かい反応してくれる人もいるんですよ。だから、冷たい反応をしている人のことは忘れて、温かい反応をしてくれた人たちのことを覚えておくと、それからは恥ずかしさとかはなくなります。
村上　：えっと、私からも言いたいんですけど、まぁなんかちょっと、まぁ、強くなっちゃうんですけど、(笑顔で気を遣いながら)その自分の、芯を強くすることがまず大事だなって思います。まず、はい。私も、今学級で、ダンス係で、みんなの前でダンス踊って評価をつけてもらうみたいなこ

とをやってるんですけど、その目的が、みんな笑顔に、ミラーの法則ってさっき言ってたじゃないですか。だから自分たちも明るくなって、みんなも明るくなってもらうっていうのが大切なので、まず、その自分の心を強くしてから明るくなって、それで、みんなにも明るくなってもらうっていうのがたぶんいいと思います！

参加者：先生のアドバイスをほしいなって思って、やっぱ菊池学級のみんなみたいな子どもになってほしいなって思ってるんだけど、なかなか自己開示できないとかもあるので、もしよかったらアドバイスください！

魚住　：あ！はいはいはい！えっと、私の、4年生のときと5年生のときの先生がそうだったんですけど、あの、怒るときに、その人がしたことと かって、そのときは、悪いって分かっててもやっちゃうことがあるんですよ。そのときに、いきなり、「なんでこんなこと〜」とか、いきなり怒られたら、話したくなくなるんですよ。だから、一度、優しく「なんでこんなことしたの？」とか聞いて、それで、ほんとに悪いかどうかを見極めてから、怒ってくれないと、萎縮します。変に。

村上　：あー、言っていい？私からは、その、学びの約束の10っていうので、まず1から10まであって、

　　1．公の場では丁寧語を使う
　　2．話し手と聞き手は正対する
　　3．発表は全員に伝わる声でする
　　4．ペアやグループでは、最初と最後にあいさつをする
　　5．相手も挙手できるように努力をする
　　6．一文字の違いにもこだわる

7．全員参加の法則は守る
8．発言中に「え？は？なんで？」の新バカの３拍子は言わない
9．国語辞典は、１５秒以内で引く
10．姿勢を正して話を聞く

っていう10個なんですけど、先生は、菊池先生はたぶんこれは完璧なんですよ。だからこれを、クラスの人っていうか、まぁ私が思うには、自分で、「これは絶対にできている」っていう、この10個を完璧にしてからだったら、たぶんいいんじゃないかなーと思います。

参加者：あ、でも、先生はそれに対しては厳しいの？菊池先生は。
村上　：はい。正対とか、ほめ言葉のシャワーをするときにも正対してないと怒られる。
魚住　：なんかわざわざ、姿勢のいい人じゃなくて悪い人のすっごい悪いところを写真撮って、「これ誰だか分かりますか？」っていって黒板に貼りつけるんですよ！それをしたら、もう恥ずかしくて恥ずかしくてもう２度とやらないって思う。
村上　：だから、自分でもそれは努力できていけるからいいと思う。そういうことです。
参加者：結構撮るの？
村上　：はい。いつも写真撮ってます。私たちの知らない間に撮ってる。
魚住　：なんか、え、いつ撮ってたの？ってときもある。
村上　：小さなことでも、先生は大きなことに変えられるから、私はそれもがんばってやっていくといいんじゃないかなーって。
魚住　：ちっちゃいことを、おおげさにほめられるから…。

村上　：だから、小さいことからこつこつ大きくしていくってことは、私はお手本にしてるから、いいと思います。

参加者：今までにいろいろな先生にもってもらったと思うんですけど、菊池先生のこういうところが、今の６年１組をつくってるんじゃないかっていうのを、ズバリ１つ。

村上　：えっと、ちょっとマイナスなことをしても、その、先生はすべてプラスのことに変えて、その、次からこうやって頑張ってこうとか、土台を、その人の土台をちゃんとしてあげて、その上の、積み重なってる部分も、先生は補強工事っていうかまぁそうやって強く。

参加者：叱るだけじゃなくて？

村上　：はい。叱るだけじゃなくて、ほめて伸ばすってこともやってくれます。

魚住　：私は、えっと、先生の怒り方なんですけど、あの、さっきの質問で言ったのに付け足しで、あの、なんか怒るときに、いきなりすごいうわーって感じで怒らないで、静かに怒るんですよ。それがすっごい怖いです。だから、怒られたくないです。「こんなことしていました。どう思いますか？」みたいにすっごい静かに怒るんですよ。

司会　：時間になりました！ありがとうございます！それでは次が最後になります。

参加者：いいですか？じゃあ、菊池先生は、厳しい先生だと思いますか？

内川　：いえ。そんなことはないと思います。もし、ほかの人から見て厳しいと思われてても、その厳しさっていうのは、あの、佐竹さんの質問タイムとか、その感想とかでも言った

んですけど、あのー、厳しさが優しさにもつながると思うので、あの、自分のために厳しくしてるんだったら、それは優しから言ってるんであって、それを厳しいととらえるのは、あのー、ちょっと、ありがたみが分かっていないのかなーと思います。なので、その厳しさの中に優しさがあるって、いや！

曾根﨑：優しいから、厳しくしてくれるみたいな。

内川　：優しくなかったら、かまってもくれないですよね。もうあの。「好きにしとっていいよ」ていうのだったら絶対優しくないですよね？それで自分がよくなるんだったらマシなんですけど、それで自分がよくなるっていうのはあんまりないですよね。だから…ですね。

参加者：あのー、ほかの先生でも厳しい先生っていると思うんだけど、そういう先生と菊池先生で、その優しさが伝わる違いっていうのは、どこで伝わると思う？

内川　：えーっと、なんて言うんですかねー。

曾根﨑：最後にほめてくれるところ。

内川　：あの、本当に厳しいというか、なんて言うんですかね、「叱る」じゃなくて「怒る」先生の場合は、あの例えば、ぼくが怒られてるときとかは、ぼくの悪いところばかりを言って、

曾根﨑：一方的にただ、その、悪い悪い悪いばっかで、

内川　：悪い悪い悪いって言って、じゃあ、その悪いから、悪いから最終的に何が言いたいのかっていうのをはっきりと言ってくれないんですよ。だから、自分のため、その人（子ども）のために怒ってるんじゃなくて、もう自分、もう自分がもうあの、そういう人（子ども）とは一緒になるのは嫌だからみたいな、そんな自分勝手な理由で、怒っているのとでは、もう、話が違います。

参加者：4年生までの先生は、ほとんどはそういう感じだったのかな？

曾根﨑：そ、えーっと、結構、私にじゃないんですけど怒られる人が多かったんですけど、それを聞いていたら、あんまり、あの、ほめてくれることが少ない、言葉でほめてくれるんじゃなくて、そのーよかった、例えばそうじを頑張ったらシール帳とかにしてほめてくれるから、あんまり伝わりにくいんですよ。

内川　：見える化ばかりしても、もう、その見える化をするのは、伝えやすくするため、自分の発言を伝えやすくするため、あくまでもそれなので、見える化だけでしても意味がないっていうことですね。

曾根﨑：あぁ、その、見える化、見える化してもいいんですけど、言葉でやった方が、私的には、その言葉に、あ、心にぎゅっとくるみたいな。

内川　：それに、あのー、もう5年生までだったら、5年生までっていうか4年生までだったら、もうあの、怒られるのが、叱られるのが、いや、怒られるのが（曾根﨑さん「怖い」）怖いんですね。悪いことばかり言われてしまって、あの、その悪いところをどうすればいいのかってことを言ってくれないんですよ。その手助けもしてくれないで、ただ怒って怒って怒って怒ってで、あの、自分がすっきりするだけで、こっちはもぞもぞもぞもぞしたまんまで残ってくって感じで、もう、そういうのが嫌でした。

参加者：1組の、一番いいところっていうのは、どんなところですか？

内川　：一番いいところ…。

参加者：一番いいところ。

内川　：…なんだろ。一番がもう、一番があり過ぎて、ちょっとー

つにまとめられないんですけど、もうあのー、とりあえず、大まかにいえば、個性的なところですね。
曾根﨑：うん！（笑顔でうなずく）内川君みたいな、ポジティブな人もいれば、ネガティブな人もいて、えっと、面白い人もいれば静かな人とかもいて、その、一人ひとりがいて、6の1ってなってるから、そういう、一人ひとりを大切に、なんか個人の力を伸ばすところがいいところだと思います。
内川　：それに、あの、はっきり、あの、逆質問してしまうみたいになっちゃうんですけど、あの、みんながみんな、勉強ばかりで、ぴしーっとしていて、あの、何も個性とかもないような普通なクラスと、あのーちょっと下がり目の人もいれば、上がり目の人もいて、いろいろな種類があるのだったら、どっちの方がいいと思いますか？
参加者：いろんな子どもがいる方が、…うん。楽しいよね。絶対。
内川　：その方が楽しいし、さらにあの、教える側でも、その人に合わせて教え方を変えるみたいなことで、あのーなんて言うんですかね、経験とかも積めるし、自分のためにもなるので、それだったら、いろいろなやつがある方がいいじゃないですか。なので、そういういろんな個性があることによって、さっき言ったような…。
曾根﨑：「一体感」が生まれる。あの、今体育でサッカーしてるんですけど、上手い人もいれば下手な人もいるんですよ。で、下手な人は、下手っていうとちょっとあれなんですけど、ボールを触れない人に上手い人がパスをして、全員がボールに触れるようにっていう「一体感」とかが生まれるから、そのいろいろあって一つになるところがいい。
内川　：それとか、サッカーのときに川上太陽君って人が、あの、パスを回されて、ボールを蹴ったんですけど、ここらへん

219

　　　　にボールがあって、すかってなって、ここにすかってなったりとか、空振りしてしまうのに、たぶん昔だったら、みんなそれ一つやったら周りの目が気になって泣いてしまうと思うんですよ。でも、それでも笑って、もう一回蹴ろうとするとか、そんな感じで。
曾根﨑：どんまい、どんまーい、みたいな。
内川　：それとか、もうあのかすってもないのが分かったら、ほげーっとか言ってみんなをそれで笑かしたりとか、してくれたりとか、そういうふうな感じです。
参加者：そのことは最初から知ってましたか？それとも途中で気付きましたか？
曾根﨑：気付い…た。
内川　：気付いた。もうあの、なぜならあの、もうみんながみんな成長成長って上がっていたので、それが普通だと思ってたんで、あの、なんか、ほかの学校じゃないけど、なんやったっけあの…なんたら次郎ってやつ。
曾根﨑：万次郎？
内川　：万次郎！その万次郎さんのやつ（劇）みたいなのがあって、そのときに、行ったときに、なんか周りの小学校の人がうるさかったりとか、自分たちよりも下なのが分かって、あー、自分たちってすごいんだなーっとか思ったりしたのがそれです。
参加者：そのときに、認め合うとかそれが大事ってことはうすうす自信をもって思えるようになったっていうことですよね？
内川　：もうあの違う種類、ちょっと矛盾しちゃうかもしれないんですけど、違う種類の人がほぼいなかったんですよ。もう成長していく、助け合っていくっていう気持ちとかが、目標とかが一緒だったんで、あの、だから、違う人に出会ったときに、あぁやっぱり、6の1ってすごいなーって改め

	て感じたり。
参加者	：一言ずつ。あなたにとって学校とはどんなところですか？
内川	：学校とは、もうあの、親戚が集まるような場所ですね。あの、あるいは、家かなんか。
参加者	：ああ…安心感がある。（内川君うなずく）
曾根﨑	：私は、個性を伸ばすところだと思います。さっきも言ったように、その、個性があって「一体感」が生まれるみたいな感じです。
内川	：それか、あのーなんていうんですかね…。あの、ただの、「鉄筋コンクリートの建物」に対してのような気持ちがしないような。もうその建物自体が、仲間だったり。そういう感じがします。生きてたりっていうか…（ここで時間切れに）
参加者	：さっき、討論の時、すごいみんなから集中砲火されてて、私だったら絶対、怒っちゃうなって思ったんですけど、本当に心からムカッとしてなくて、冷静でいられたのかなーっと思って。どうですか？
岡田	：うーん。（冷静で）いられました。
参加者	：それはなんで？
岡田	：（一瞬考える）一応はその、自分で作った意見じゃないですか。それがダメになったのは、自分の意見が不十分だったので、その、結局その自分がやってなかったってところが悪いんで、別に他人に怒らなくていいんじゃないかって思う。
参加者	：変わる時は、結構、アッサリ変わったように思ったんだけど、（岡田君笑う）あれはなんでなんですか？
岡田	：納得したっていうのもあるし、そしたら、じゃ納得したならいちいち続けなくても、ダメだったんだからほかのところに、変わった…。

菊池　：ディベートとかやってると、そういう技術を自然に思うんじゃないですかね。立場は機械的に決まるわけだし、ただあのルールが、「人と意見を区別する」ってことを子どもたちに、一番体験を通して教えることになると思うんですよ。で、それが一番の鍵ですよね。うん。鍵です。(岡田君に)以前ね。201ページのところだったわけですよ、彼は。で、7、8人いたんですよ。そうすると、あるときの話し合いで、一気にあの、離脱者が出たわけですよ。「変わります」って言ったら、その201ページの7、8人が、彼(岡田君)を除いて、全員そっちに移るってなったわけですよ。で、最初にその「変わります」って意見を言った2人のうちの1人の男の子が、ま、みんなざわつくわけですよ。教室が。一気に変わったもんだから。で、言った言葉は名言だと思いましたね。ざわついて、じゃあなんで変わるのかっていう空気もあったわけですよ。一言。「これが、討論だ」って言ったわけですよ。(一同お〜)うん、つまり、コロッと変わることもあると。潔く変わる。ねぇ。より良いものを目指すために、変なしがらみにしがみつくわけではないと。「これが、討論だ」って言ったのは、思わず言ったんでしょうけども、名言だったと思いますね。(菊池先生に肩をたたかれ、岡田君、照れくさそうに笑う)

　第3章の全文文字起こしは、実際の会話の言葉を再現することを基本としつつ、文意が分かりやすくなるように一部修正しています。

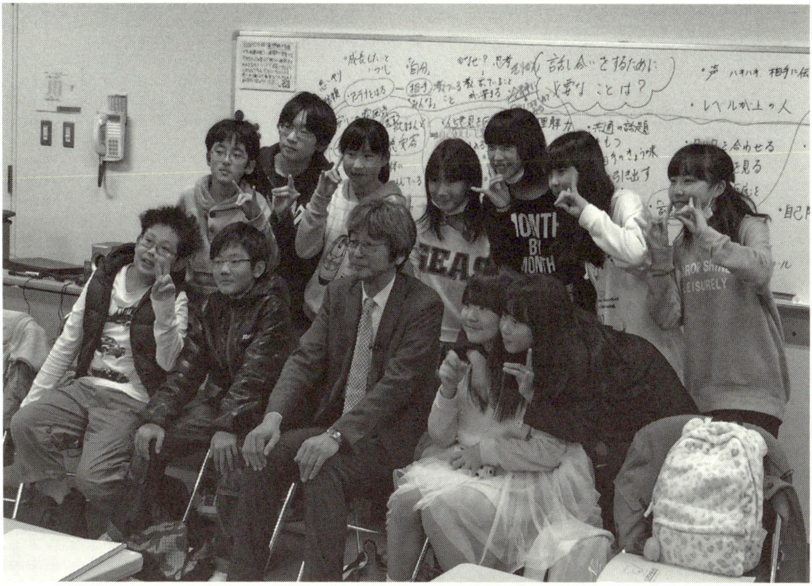

おわりに

　2015年（平成27年）12月に日本テレビ系列「世界一受けたい授業」に出演しました。収録前に、北九州で卒業生数名にインタビューロケがありました。
　本著の映像に登場している曾根﨑妃那さんもその一人でした。以下は、そのときの内容です。

－菊池学級になって変わったこと－

私は、5年生のときからポップコーンのように弾けることができるようになりました。
そうありたいとずっと思っていたのに、それができませんでした。
4年生までの教室では無理でした。
みんなが好き勝手して、陰で文句や悪口ばかりを言い合って、それを先生が止めることもできなくて、だから私は、じっと我慢をしていました。

5年生から変わり始めました。

菊池学級になったからです。
『私らしくていい』
と思えるようになったからです。
いろいろきっかけはあったと思います。
特に『これが』ということは分からないのですが、一言でいうと、
『コミュニケーション』
だと思います。
挨拶や言葉遣い、ほめ言葉のシャワーや質問タイム、話し合いやディベート、そして、ダンスなどです。

菊池学級で過ごしていて、そんなことを毎日行っていて、
少しずつ変わってきたのだと思います。
自分らしくていいと思えるようになったのです。
私だけではなくみんなもそうです。
一人ひとりが自分らしさを発揮しながら、一体感のある学級になっていったのです。
それが、私の菊池学級です。

中学生になっても不安はありません。
毎日が楽しいです。
菊池学級で行っていたようなことは、今はありませんが、
自信がついたので、今も楽しいのだろうと思います。

（曾根﨑妃那さん取材ロケより）

　自分らしさに気付き、自分を肯定的にとらえ、未来に向かって素直に成長し続けている様子が伝わってきます。菊池学級を巣立っていった子どもたちは、曾根﨑さんに限らず、「リバウンド」しない強さとしなやかさを備えているように感じています。いつまでも「透明感」のある人間として成長し続けているのです。他者との対話を繰り返しながら、学

び続けている人間に育っているのです。

　本著は、このような菊池学級の子どもたちの成長の事実をありのままに残しています。ごまかしようのない映像とともに示しています。今までの教育書にはなかった画期的な書籍になっています。これからの日本の教育が目指す、「アクティブ・ラーナーとして成長させる」という目標のひとつの到達点を示していると考えています。

　解説を書いていただいた菊池道場の先生方、撮影編集をしていただいた有限会社オフィスハルの筒井勝彦氏、石崎俊一氏、このような機会を与えていただいた株式会社中村堂の中村宏隆氏には、感謝の思いでいっぱいです。最後の菊池学級の子どもたちを、このような立派な一冊の形にしていただき、担任としても感無量です。
　本当にありがとうございました。

　本著が、一人の子どもの大事な人生を預かる教師にとって、少しでも毎日の指導に役立つことを願っています。

菊池道場　道場長　菊池　省三

■著作権上の注意

・本DVD-VIDEOの映像は、児童本人および保護者の承諾を得て、収録しています。
・本DVD-VIDEOの映像は、個人が家庭内で使用することを目的に販売が許諾されており、すべての権利は著作権者に留保されています。これを複製すること、公衆送信（有線・無線の放送を含む）、インターネット上への動画・静止画像の公開、公開上映をすることはできません。

●著者紹介

菊池省三（きくち・しょうぞう）

　1959年愛媛県生まれ。「菊池道場」道場長。元、福岡県北九州市公立小学校教諭。山口大学教育学部卒業。文部科学省の「『熟議』に基づく教育政策形成の在り方に関する懇談会」委員。
【主な著書】『一人も見捨てない教育の実現　挑戦！四国四県からの発信！』、『挑む　私が問うこれからの教育観』、『人間を育てる　菊池道場流　作文の指導』、『「話し合い力」を育てる　コミュニケーションゲーム 62』（以上、中村堂）、『小学校発！　一人ひとりが輝くほめ言葉のシャワー　1～3』（以上、日本標準）他多数。

大橋俊太	（おおはし・しゅんた）	菊池道場愛知支部
堀井悠平	（ほりい・ゆうへい）	菊池道場徳島支部
古橋祐一	（ふるはし・ゆういち）	菊池道場愛知支部
森下竜太	（もりした・りゅうた）	菊池道場徳島支部
古賀太一朗	（こが・たいちろう）	菊池道場福岡支部
内藤慎治	（ないとう・しんじ）	菊池道場福岡支部
南山拓也	（みなみやま・たくや）	菊池道場兵庫支部
藤原有希	（ふじわら・ゆうき）	菊池道場広島支部

●撮影者紹介

筒井勝彦	（つつい・かつひこ）	有限会社オフィスハル
石崎俊一	（いしざき・しゅんいち）	有限会社オフィスハル

ＤＶＤで観る　菊池学級の成長の事実

2016年4月1日　第1刷発行

著　者／菊池省三　菊池道場
発行者／中村宏隆
発行所／株式会社　中村堂
　　　〒104-0043　東京都中央区湊 3-11-7
　　　湊 92 ビル 4F
　　　Tel.03-5244-9939　Fax.03-5244-9938
　　　ホームページアドレス　http://www.nakadoh.com
編集協力・デザイン／有限会社タダ工房
表紙デザイン／佐藤友美
印刷・製本／モリモト印刷株式会社

◆定価はカバーに記載してあります。
◆乱丁・落丁の場合はお取り替えいたします。

ISBN978-4-907571-25-2